Vivien Wika

Digitale Transformation und neue Führungspositionen

Wie Chief Digital Officers die digitale Transformation von Unternehmen erfolgreich steuern

Bibliografische Information der Deutschen Nationalbibliothek:

Die Deutsche Nationalbibliothek verzeichnet diese Publikation in der Deutschen Nationalbibliografie; detaillierte bibliografische Daten sind im Internet über http://dnb.d-nb.de abrufbar.

Impressum:

Copyright © Studylab 2020

Ein Imprint der GRIN Publishing GmbH, München

Druck und Bindung: Books on Demand GmbH, Norderstedt, Germany

Coverbild: GRIN Publishing GmbH | Freepik.com | Flaticon.com | ei8htz

Inhaltsverzeichnis

Abbildungs- und Tabellenverzeichnis V

Abkürzungsverzeichnis VI

Zusammenfassung VII

1 Einleitung 1

    1.1 Problemstellung und Relevanz des Themas 1

    1.2 Zielsetzung und Methodik der Arbeit 2

    1.3 Aufbau der Bachelor Thesis 2

2 Digitale Transformation 4

    2.1 Begriffsbestimmung Digitalisierung 4

    2.2 Begriffsbestimmung digitale Transformation 7

    2.3 Einflussfaktoren und Treiber der digitalen Transformation 10

    2.4 Ziele der digitalen Transformation 11

    2.5 Erfolgsfaktoren für die digitale Transformation 12

    2.6 Auswirkungen auf Unternehmen 15

    2.7 Herausforderungen für Unternehmen 17

3 Der Chief Digital Officer 19

    3.1 Entstehung und Definition der CDO Position 19

    3.2 Aufgaben und Verantwortungsbereiche des CDOs 23

    3.3 Kompetenzen und Anforderungen 30

    3.4 Verankerung in der Aufbauorganisation 36

    3.5 Abgrenzung zu weiteren CxO Rollen 41

4 Der CDO in der Praxis 50

    4.1 Die CDO Position im Laufe der Zeit 50

    4.2 Verteilung der CDO Position 55

    4.3 Beispiele aus der Unternehmenspraxis 70

5 Zusammenfassung und Ausblick **74**

    5.1 Zusammenfassung 74

    5.2 Kritische Würdigung 75

    5.3 Ausblick 75

Literaturverzeichnis **76**

Anhang **82**

Abbildungs- und Tabellenverzeichnis

Abbildung 1: Konzeptionelles Modell der digitalen Transformation 8

Abbildung 2: Organisches Mitwachsen der CDO-Position zur Entwicklung der Digital(isierungs)strategie 21

Abbildung 3: Rahmen der digitalen Transformation – Verantwortungsbereiche des CDOs 24

Abbildung 4: Hauptaufgaben eines CDOs 28

Abbildung 5: Rolle des CDO-Bereichs bei der Planung und Umsetzung von Digitalisierungsprojekten 29

Abbildung 6: Berufliche Herkunft und vorherige Erfahrungen von CDOs 33

Abbildung 7: CDOs in verschiedenen Organisationsstrukturebenen in den Jahren 2014, 2016 und 2018 39

Abbildung 8: Häufigkeit der Interaktion mit dem Vorstand 40

Abbildung 9: Unterschiede und Gemeinsamkeiten von CDO und CIO 44

Abbildung 10: Das Wachstum der CDO Positionen in Unternehmen (in %) 51

Abbildung 11: Anzahl an Einstellungen von CDOs im Verlauf der letzten Jahre 52

Abbildung 12: Geschlechterverteilung in der C-Level CDO-Position in den Jahren 2014, 2016, 2018 53

Abbildung 13: Der heutige CDO 54

Abbildung 14: Unternehmen mit einem CDO nach Region 57

Abbildung 15: Die Top 5 Länder in Europa und der Asien-Pazifik Region (in %) 59

Abbildung 16: Anzahl der CDOs je Stadt (DACH) und Bundesland (D) 61

Abbildung 17: Anteil der Unternehmen mit einem CDO nach Branchen (in %) 63

Abbildung 18: Externe vs. interne Einstellungen nach Industrien (in %) 66

Abbildung 20: Anzahl der Unternehmen mit einem CDO nach Unternehmensgröße (in %) 68

Tabelle 1: Vergleich von CxO-Positionen 48

Abkürzungsverzeichnis

B2B	Business-to-Business
B2C	Business-to-Consumer
CDO	Chief Digital Officer
CEO	Chief Executive Officer
CIO	Chief Information Officer
CMO	Chief Marketing Officer
CTO	Chief Technology Officer
IT	Informationstechnologie
KI	Künstliche Intelligenz
KMU	Kleine und mittlere Unternehmen

Zusammenfassung

Das Tempo, mit dem sich die Gesellschaft und Wirtschaft aufgrund der Digitalisierung wandelt, ist enorm. Die digitale Transformation ist eine Chance und ein Risiko zugleich. Sie ist allgegenwertig und Unternehmen müssen sich auf den digitalen Wandel einstellen, der früher oder später auch ihre Branche treffen wird – falls dies nicht bereits geschehen ist. Der Veränderungsdruck, den Unternehmen durch neue Technologien und immer häufiger auftretende Innovationen des Wettbewerbs verspüren, kann nicht außer Acht gelassen werden. Dies erfordert jedoch neue Führungsmodelle und Geschäftsstrukturen, die mitunter auch einen Wandel der Zuständigkeit und Verantwortungsbereiche erfordert. Eine Möglichkeit, die digitale Transformation in der Organisation umzusetzen und zu steuern, ist der Einsatz, eines Chief Digital Officers (CDOs).

1 Einleitung

In diesem Kapitel wird in das behandelte Thema eingeführt und die wissenschaftliche Relevanz ausgeführt. Des Weiteren wird die Zielsetzung und die damit verbundene Fragestellung, sowie die Methodik für die Beantwortung der Forschungsfrage erläutert. Die Einleitung endet mit einem Überblick über den Aufbau der nachfolgenden Arbeit.

1.1 Problemstellung und Relevanz des Themas

Bereits mehr als ein Viertel der gesamten Weltbevölkerung besitzt ein Smartphone. Im Jahr 2014 erreichte der globale mobile Datenverkehr 2,5 Exabyte pro Monat – das sind 2,5 Milliarden Gigabyte. Eine Zahl, die dreißigmal größer ist als der gesamte Datenverkehr im Internet im Jahr 2000. Die Digitalisierung, Innovationen und neue digitale Technologien revolutionieren Geschäftsprozesse sowie die Produkte und Dienstleistungen eines Unternehmens.[1] Digitale Transformationen werden ausgehend von digitalen Technologien aufgebaut und vorangetrieben. Um auf das sich schnell wandelnde Unternehmensumfeld zu reagieren, müssen Unternehmen sich verändern und weiterentwickeln, um wettbewerbsfähig zu bleiben. Die digitale Transformationen bringt Veränderungen in Geschäftsprozessen, -abläufen und der Wertschöpfung des Unternehmens mit sich.[2]

Die digitale Revolution ist schnelllebig und führt zu massiven Störungen und Veränderungen in vielen Branchen. Ein maßgebliches Zeichen für die wachsende Bedeutung ist der Aufstieg einer neuen Art von Führungskräften: des CDOs.[3] Die Position des CDOs entstand als unternehmerische Reaktion auf den Impuls der Manager, welche die Notwendigkeit sahen, einen Spezialisten für die digitale Transformation im Unternehmen einzusetzen, der die Strategie für den digitale Wandel entwickeln und überdies auch umsetzten soll.[4]

---

[1] (Osmundsen & Iden, 2018, S. 1)
[2] (Nwankpa & Roumani, 2016, S. 4)
[3] (Strategy& (PwC), 2019, S. 3)
[4] (Brooks, Smets, & Stephen, 2018, S. 6)

Die Herausforderung, den vollen Wert der neuen Technologien zu erfassen, erfordert, dass Unternehmen ihre Organisationsstrukturen, Prozesse und sogar ihre Kulturen transformieren und im Zuge dessen die interne und externe Verbundenheit zu Kunden und Interessengruppen weiter auszubauen. Darüber hinaus bedürfen die Anforderungen einer digitalen Welt, dass Unternehmen wachstumsorientiert und gleichzeitig kostenbewusst sind. Das Erreichen dieser geschäftskritischen Ziele erfordert jemanden, dessen Fähigkeiten einen kundenorientierten Fokus, umfangreiche Geschäfts- und Teammanagement-Erfahrung, umfassende Fähigkeiten in der Veränderungsführung und ein tiefes Verständnis der Sozialtechnologien beinhalten. Diese Person ist der Chief Digital Officer.[5] Die Zahl der Unternehmen, die bereits CDOs eingestellt haben, ist in den letzten Jahren stark angestiegen und beläuft sich weltweit auf 21 % bezogen auf die weltweit größten Unternehmen.[6]

1.2 Zielsetzung und Methodik der Arbeit

Ziel dieser Bachelorarbeit ist es, die neu geschaffene Position des CDOs zu identifizieren und seine Rolle in Bezug auf die digitale Transformation im Unternehmen zu verdeutlichen. Außerdem sollen dabei, um die Rolle charakterisieren zu können, die Ziele, Herausforderungen und Auswirkungen der digitalen Transformation festgestellt werden. Die Fragestellung, die sich hieraus ergibt, lautet: Welche Rolle spielt ein CDO bei der digitalen Transformation eines Unternehmens. Die Thesis wurde anhand von einer Literatur- und Internetrecherche angefertigt.

1.3 Aufbau der Bachelor Thesis

Die vorliegende Bachelorarbeit umfasst insgesamt fünf Kapitel und jeweils ein Verzeichnis mit den verwendeten Abbildungen, Tabellen und Abkürzungen. Die einzelnen Kapitel werden im Folgenden näher erläutert. Das erste Kapitel, welches auch dieses Unterkapitel einschließt, erläutert die Problemstellung und Relevanz des Themas. Zudem werden die Zielsetzung und die Methodik der Arbeit erläutert. Dabei wird auf die Forschungsfrage und das Ziel dieser Arbeit eingegangen. Im zweiten Kapitel werden die theoretischen Grundlagen zum Thema digitale Transformation aufgeführt. Hierbei werden die entscheidenden Begriffe

---

[5] (Dumeresque, 2014, S. 2)
[6] (Strategy& (PwC), 2019, S. 3)

definiert, die Einflussfaktoren und Treiber ermittelt und die Ziele der digitalen Transformation näher beleuchtet. Weiterhin wird beschrieben, welche Erfolgsfaktoren dabei von Bedeutung sind und es wird erläutert, welche Auswirkungen die digitale Transformation auf Unternehmen hat und welche Herausforderungen daraus resultieren. Im dritten Kapitel wird die Rolle des CDOs näher beleuchtet. Diesbezüglich wird einleitend die Entstehung und Definition der Position dargelegt. Anschließend werden die Aufgaben und Verantwortungsbereiche sowie die dafür benötigten Kompetenzen und Anforderungen erläutert In diesem Zusammenhang wird auf die Verankerung des CDOs in der Aufbauorganisation des Unternehmens und die Abgrenzung zu weiteren ähnlichen CxO-Rollen eingegangen. Das vierte Kapitel handelt vom CDO in der Praxis. Hierbei wird die Position im Laufe der Zeit beleuchtet. Außerdem wird die Verteilung der CDO Position nach Regionen, Branchen und Unternehmensgrößen anhand von Studien aufgezeigt. Zuletzt sind einige Beispiele aus der Unternehmenspraxis aufgeführt. Im fünften Kapitel werden die Ergebnisse zusammengefasst, kritisch gewürdigt und ein Ausblick gegeben. Am Ende dieser Arbeit befindet sich eine Übersicht über die verwendete Literatur, der Anhang und die eidesstattliche Erklärung.

Bei personenbezogenen Bezeichnungen wurde aus Gründen der besseren Lesbarkeit im Text die männliche Form gewählt, nichtsdestoweniger beziehen sich die Angaben auf Angehörige aller Geschlechter (männlich, weiblich, divers).

2 Digitale Transformation

Im Folgenden werden die theoretischen Rahmenbedingungen der Arbeit geklärt, um ein grundlegendes Verständnis für die verschiedenen Terminologien und deren Zusammenhang zu erlangen. Hierfür werden generelle Begrifflichkeiten näher definiert und anschließend ausführlicher betrachtet, um ihr Verständnis im weiteren Verlauf der Arbeit voraussetzen zu können. Dies schließt zum einen Kenntnisse über die Digitalisierung und digitale Transformation ein. Zum anderen werden sowohl die Ziele der digitalen Transformation und deren Auswirkung auf die Unternehmen als auch die Herausforderungen für Unternehmen im Näheren betrachtet.

2.1 Begriffsbestimmung Digitalisierung

Der Begriff der Digitalisierung wird in der Forschung und Praxis derzeit weiterhin kontrovers diskutiert.[7] ‚Digitalisierung' wird im Duden mit dem Verb ‚digitalisieren' beschrieben und bedeutet, dass Daten und Informationen digital dargestellt werden, sowie dass ein analoges Signal in ein digitales umgewandelt wird.[8] Für die Bezeichnung ‚Digital' verwendet der Duden die Beschreibung „auf Digitaltechnik, Digitalverfahren beruhend".[9] Die technische und somit traditionelle Interpretation des Begriffs Digitalisierung ist demnach die „Überführung von Informationen von einer analogen in eine digitale Speicherform".[10] Ein Beispiel hierfür ist die ganzheitliche Digitalisierung von Bibliotheken durch Google mit dem Ziel, Wissen weltweit elektronisch verfügbar zu machen. Auch jahrtausendalte Archive im Vatikan werden in elektronische Medien überführt. Im Zuge dessen steht nicht nur die Aufbewahrung der Informationen in elektronischer Form im Fokus. Mittels semantischer, intelligenter Suchmechanismen und einer Indexierung, die bei dem Prozess des Einscannens automatisiert vorgenommen wird, können Daten miteinander verknüpft und zueinander in Relation gesetzt werden.[11] Der Kern der Digitalisierung besteht demnach darin, dass Informationen digital vorliegen, von Systemen und Maschinen verarbeitet werden können und

---

[7] (Becker, Ulrich, Botzkowski, & Eurich, 2015, S. 264)
[8] (Dudenredaktion, o.J.)
[9] (Dudenredaktion, o.J.)
[10] (Hess, 2019)
[11] (Hamidian & Kraijo, 2013, S. 5)

sie somit operabel werden.¹² Für den Begriff der Digitalisierung sind jedoch unterschiedliche Interpretationsmöglichkeiten vorhanden.¹³ „Ebenfalls traditionell wird Digitalisierung mit der Übertragung von Aufgaben auf den Computer, die bisher vom Menschen übernommen wurden, gleichgesetzt. Damit bezeichnet Digitalisierung eine spezielle Form der Automatisierung, nämlich die (Teil-)Automatisierung mittels Informationstechnologien (IT)".¹⁴ Die maschinelle Verarbeitbarkeit von Informationen führt zu beschleunigten Abläufen und ganz neuen Möglichkeiten und Kombinationen, wodurch die Informationen nutzbar werden.¹⁵ Eine derartige Digitalisierung war bis vor wenigen Jahren weitgehend auf Routineaufgaben beschränkt, die dementsprechend in gleicher Art und Weise und wiederholt angefallen sind, wie beispielsweise das Rechnungswesen. Derweil erstreckt sich die Digitalisierung auf Aufgaben, die weniger stark strukturiert sind oder auch bei privaten Nutzern anfallen. So wird das Bankkonto nicht mehr nur klassisch in der lokalen *Offline*-Welt, sondern über Desktop-PCs von zu Hause aus oder über *Online-Banking-Apps* auf mobilen Endgeräten von Unterwegs angelegt und geführt.¹⁶ Es geht folglich um die Übertragung der Lebens- sowie Arbeitswelten eines Menschen auf eine digitale Ebene.¹⁷ „Menschen brechen aus der lokalen *Offline*-Welt aus und wollen omnipräsent, vernetzt und *always-on* sein".¹⁸ Darüber hinaus verwenden Unternehmen verbesserte *Data-Mining*-Technologien, mit dem Ziel, größere Datenmengen maschinell auf Anfälligkeiten zu analysieren.¹⁹ „Ebenso erlaubt der Einsatz von Technologien auf Basis künstlicher Intelligenz (KI) sogar die Automatisierung weniger strukturierter Prozesse".²⁰

Laut dem Wirtschaftslexikon von Gabler kann die Digitalisierung als ‚digitale Revolution' und ‚digitale Wende', aber auch als Transformation und Darstellung von Information und Kommunikation verstanden werden.²¹ Ein Beispiel hierfür ist die Substitution der SMS durch *Instant-Messaging*-Dienste wie WhatsApp. Denn die

---

[12] (Schlotmann, 2018, S. 12)
[13] (Hess, 2019)
[14] (Hess, 2019)
[15] (Schlotmann, 2018, S. 13)
[16] (Hess, 2019)
[17] (Hamidian & Kraijo, 2013, S. 5)
[18] (Hamidian & Kraijo, 2013, S. 5)
[19] (Hess, 2019)
[20] (Hess, 2019)
[21] (Bendel, 2018)

direkte Interaktion in einer schnelllebigen, stark vernetzten und globalen Welt wird immer wichtiger.[22] Im 20. Jahrhundert diente die IT vor allem der Optimierung und Automatisierung. Es wurden Arbeitsplätze und Privathaushalte modernisiert, Softwareprodukte eingeführt und Computernetze geschaffen.[23] Seit Anfang des 21. Jahrhunderts stehen dahingegen „disruptive Technologien und innovative Geschäftsmodelle sowie Autonomisierung, Flexibilisierung und Individualisierung in der Digitalisierung im Vordergrund".[24] Diese hat sich in eine neue Richtung weiterentwickelt und führt zu der vierten industriellen Revolution, die auch unter dem Begriff ‚Industrie 4.0' bekannt ist.[25] Es kommt zu einer Veränderung der Rahmenbedingungen der Wirtschaft. Diese nimmt einen enormen Einfluss auf die Herstellung, das Marketing und den Vertrieb von Produkten und Dienstleistungen im Unternehmen.[26] „Im Zuge dessen verändern sich Handelsplätze und entstehen neue Märkte, bilden und vernetzen sich progressive Wertschöpfungsketten mit Informations- und Kommunikationstechnologien. Alle Wirtschaftszweige sind von diesen revolutionären Veränderungen betroffen."[27] Infolge der Digitalisierung wird einerseits der Wettbewerb auf den Märkten verschärft und andererseits findet ein Umbruch der Arbeits- und Organisationsformen von Unternehmen statt.[28] Die Digitalisierung und die Vernetzung haben in den letzten Jahrzehnten die Wirtschaft von einer hauptsächlich physisch gesteuerten zu einer softwaregesteuerten Wirtschaft verlagert und die IT ist ein grundlegender Bestandteil unserer Industrie und Gesellschaft geworden. In diesem Zusammenhang sind Schlagworte wie Digitalisierung, Internet der Dinge, *Big Data*, Robotik, Automatisierung und Mobilität allgegenwärtig.[29] Demzufolge wird die Digitalisierung heutzutage mit der „Einführung digitaler Technologien in Unternehmen und als Treiber der digitalen Transformation gleichgesetzt".[30] Die Herausforderungen der Digitalisierung sind zum einen die Gestaltung der Arbeitswelt

---

[22] (Barton, Müller, & Seel, 2018, S. 4)
[23] (Bendel, 2018)
[24] (Bendel, 2018)
[25] (Bendel, 2018)
[26] (Hermanni, 2017, S. 13)
[27] (Hermanni, 2017, S. 13)
[28] (Groß, 2017, S. 3)
[29] (Foerster-Metz, Marquardt, Golowko, Kompalla, & Hell, 2018, S. 3)
[30] (Hess, 2019)

und Gesellschaft sowie die Sicherheit von Anwendungen und der Schutz der Privatsphäre.[31]

2.2 Begriffsbestimmung digitale Transformation

Wie auch bei dem Digitalisierungbegriff gibt es ebenso für den Begriff der digitalen Transformation eine Vielzahl an Definitionen. Forscher charakterisieren die digitale Transformation in der Regel als eine wesentliche organisatorische Veränderung, die durch digitale Technologie vorangetrieben, auf dieser aufgebaut oder ermöglicht wird und welche die Geschäftsführung beeinflusst. Der Begriff digitale Transformation wird häufig synonym mit Begriffen wie Digitalisierung und digitale Innovation verwendet. Obwohl es einige Ähnlichkeiten gibt, ist es wichtig, die drei Begrifflichkeiten zu unterscheiden.[32] Digitalisierung, digitale Innovation und digitale Transformation sind eng miteinander verbunden und auf unterschiedliche Weise miteinander verknüpft.[33] Dies wird in *Abbildung 1* durch ein konzeptionelles Modell dargestellt. Die digitale Innovation beruht auf digitaler Technologie. Der Begriff wird als ein Prozess und ein Ergebnis definiert, und es geht darum, digitale Technologien auf eine neue Art und Weise oder mit physischen Komponenten zu kombinieren, die sozio-technische Veränderungen ermöglichen und einen neuen Wert für Anwender schaffen.[34] Innovation kann als die Schaffung und Entdeckung neuer Ideen, Praktiken, Prozesse, Produkte oder Dienstleistungen definiert werden. In einer zunehmend wettbewerbsorientierten Geschäftslandschaft wird Innovation als Schlüsselfaktor für Unternehmen identifiziert, die Wert schaffen und einen nachhaltigen Wettbewerbsvorteil erzielen wollen.[35] Demzufolge ist Innovation essentiell, um in einem wettbewerbsintensiven Markt bestehen zu können und erfolgreich zu sein. Dies zwingt Unternehmen dazu, mitarbeitergetriebene Ideen zu unterstützen und mit der rasanten Entwicklung digitaler Technologien Schritt zu halten.[36]

---

[31] (Barton, Müller, & Seel, 2018, S. 4)
[32] (Osmundsen & Iden, 2018, S. 1)
[33] (Osmundsen & Iden, 2018, S. 2)
[34] (Osmundsen & Iden, 2018, S. 2)
[35] (Nwankpa & Roumani, 2016, S. 4)
[36] (Ciriello, 2017, S. 1)

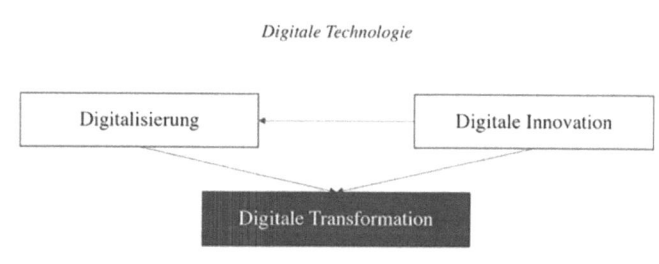

Abbildung 1: Konzeptionelles Modell der digitalen Transformation
Quelle: eigene Darstellung in Anlehnung an (Osmundsen & Iden, 2018, S. 2)

Somit kann die digitale Innovation als Prozess verstanden werden, der die IT als Mittel und Zweck zur Entwicklung neuer Produkte einbezieht.[37] Digitale Technologien wie Analytik, *Big Data, Cloud, Social Media*, mobile Plattformen und intelligente Lösungen treiben Innovationen voran, gestalten Geschäftsmodelle um und investieren in die Art und Weise, wie Unternehmen ihre Geschäftsabläufe betreiben.[38] Unternehmen mit größerer Innovationskraft haben gezeigt, dass sie besser in der Lage sind, neue Fähigkeiten zu entwickeln und auf das sich ändernde Geschäftsklima zu reagieren, was zu einer besseren Unternehmensleistung führt.[39] Digitalisierung und digitale Innovation können wesentliche Änderungen in der Geschäftsführung ermöglichen und zu einer digitalen Transformation von Organisationen oder ganzen Branchen führen.[40] Digitale Technologie, Innovation und Digitalisierung verändern Geschäftsprozesse, Produkte und Dienstleistungen fundamental.[41] Digitale Transformation bezieht sich auf Veränderungen und Umgestaltungen, die auf der Grundlage digitaler Technologien vorangetrieben und aufgebaut werden. Innerhalb eines Unternehmens wird digitale Transformation als organisatorische Verlagerung auf *Big Data, Analytics, Cloud, Mobile* und *Social Media*-Plattformen definiert. Während sich Unternehmen ständig verändern und weiterentwickeln, um auf das sich ändernde Unternehmensumfeld zu reagieren, sind digitale Transformationen die Veränderungen, die auf der Grundlage digita-

---

[37] (Ciriello, 2017, S. 3)
[38] (Nwankpa & Roumani, 2016, S. 4)
[39] (Nwankpa & Roumani, 2016, S. 4)
[40] (Osmundsen & Iden, 2018, S. 2)
[41] (Osmundsen & Iden, 2018, S. 1)

ler Technologien entstehen und einzigartige Veränderungen in den Geschäftsabläufen, Geschäftsprozessen und der Wertschöpfung mit sich bringen. Dabei ist zu unterscheiden zwischen digitalem *Upgrade*, d. h. dem Einsatz digitaler Technologien zur Steigerung der Effizienz und Effektivität in den Geschäftsprozessen eines Unternehmens, und digitaler Transformation, d. h. dem Einsatz digitaler Technologien zur radikalen Veränderung des gesamten Geschäftsbetriebs, der Wertschöpfung und teilweise neuer digitaler Produktangebote.[42]

Die zunehmende Nutzung und der generative Charakter der digitalen Technologie haben die Art und Weise, wie Unternehmen Geschäfte abwickeln und wie Organisationen miteinander konkurrieren und interagieren, verändert. Dies führte auch zu einer Veränderung des Kunden- und Endbenutzerverhaltens und der Erwartungen dieser Anspruchsgruppen. Die Unternehmensumgebungen werden zunehmend instabiler und um die Chancen digitaler Technologien zu nutzen, ist ein organisatorischer Wandel erforderlich.[43] Darüber hinaus treten immer rascher neue Entwicklungen wie Soziale Netzwerke, Mobile Plattformen und *Apps*, *Advanced Analytics* und *Big Data*, *Cloud* und die KI auf.[44] Die digitale Transformation beschreibt demzufolge „[...] die Veränderung von Wertschöpfungsprozessen durch die Weiterentwicklung bestehender und Implementierung neuer digitaler Technologien, Anpassungen der Unternehmensstrategien auf Basis neuer digitalisierter Geschäftsmodelle sowie den Erwerb der dafür erforderlichen Kompetenzen bzw. Qualifikationen".[45] Bei der digitalen Transformation geht es darum, Dinge anders zu machen und durch den Einsatz moderner Informations- und Computertechnologien ein völlig neues Geschäftsmodell zu schaffen. Die digitale Transformation nutzt vorhandenes Wissen, um das Wesen der Organisation grundlegend zu verändern – Kultur, Managementstrategie, Technologiemix und operative Einrichtung. Sie stellt den Kunden in den Mittelpunkt aller Entscheidungen und Handlungen.[46] Durch die digitale Transformation sind Unternehmen in der Lage, digitale Technologien in viele Facetten ihres Betriebs zu integrieren und Kunden mit neuen digitalen Innovationen zu begeistern.[47]

---

[42] (Nwankpa & Roumani, 2016, S. 4)
[43] (Osmundsen & Iden, 2018, S. 5)
[44] (Bloem, et al., 2014, S. 3)
[45] (Kersten, Schröder, & Indorf, 2017, S. 51)
[46] (Savić, 2019, S. 38 f.)
[47] (Nwankpa & Roumani, 2016, S. 4)

2.3 Einflussfaktoren und Treiber der digitalen Transformation

Treiber können als interne oder externe Auslöser angesehen werden und sind der Grund, weshalb Unternehmen sich mit der digitalen Transformation beschäftigen. Unternehmen müssen mit den digitalen Veränderungen in der Branche, in der sie tätig sind, Schritt halten. [48] Digitalisierung und *Cloud*-basierte Prozesse sind die wichtigsten Treiber des 21. Jahrhunderts. Als Plattform für Geschäftsprozesse etabliert, bieten sie Unternehmen einzigartige Wachstumschancen und das Potenzial, eine klare Wettbewerbsposition zu erreichen und Innovationen voranzutreiben.[49]

Die digitale Transformation von Unternehmen wird auf der einen Seite durch externen Druck und auf der anderen durch internen Druck vorangetrieben. Zu den externen Faktoren zählen veränderte Kundenbedürfnisse, -verhaltensweisen und -erwartungen, digitale Veränderungen in der Branche des Unternehmens, die Veränderungen in der Wettbewerbslandschaft und die darauf folgende Reaktion auf den Wettbewerbsdruck des Marktes, sowie der wachsende Wettbewerb durch Regulierung und die Beendigung des Lebenszyklus von Altsystemen.[50] Unternehmen sehen, dass sich die Bedürfnisse ihrer Kunden verändern. Folglich wird Druck erzeugt, um auf veränderte Bedürfnisse mit neuen digitalen Lösungen zu reagieren. Wenn Kunden bessere digitale Angebote in anderen Branchen erleben, steigen die allgemeinen Erwartungen an digitale Angebote und werden auf andere Branchen übertragen.[51] Weitere grundlegenden Treiber der digitalen Transformation sind die Entwicklung des *E-Commerce* und der Plattformtechnologien, *Big Data* und intelligente Systeme, KI und Internet der Dinge sowie die Flut von Softwaretechnologien.[52] Datenanalyse, *Cloud*-Speicherung und -Dienste, konvergente Interaktivität und Erkennung, *Augmented Reality* mit Visualisierung und Simulation, Mustererkennung, maschinelles Lernen und KI ermöglichen die Konvergenz von IT und eingebetteten Systemen.[53] Der *E-Commerce* als Herzstück der globalen digitalen Wirtschaft hat vor allem Unternehmen, Haushalte und Regie-

---

[48] (Osmundsen & Iden, 2018, S. 5)
[49] (Abolhassan, 2017, S. 10)
[50] (Hyvönen, 2018, S. 38; Osmundsen & Iden, 2018, S. 5)
[51] (Hyvönen , 2018, S. 38 f.)
[52] (Duarte & Ebert, 2018, S. 1; Fereidouni & Kawa, 2019, S. 512 ff.)
[53] (Duarte & Ebert, 2018, S. 1)

rungen dazu veranlasst, zentralisierte Netzwerkplattformen zu nutzen und mit Milliarden von *Online*-Nutzern auf der ganzen Welt zu interagieren. Die digitale Technologie und das Internet veränderten sowohl die Dienstleistungs- als auch die Fertigungsindustrie und reformierten Lieferketten, die es riesigen digitalen Unternehmen ermöglichen, ihre Plattform und ihren Algorithmus überall auf der Welt einzusetzen. Infolgedessen konnten nur wenige, meist US-amerikanische, riesige Technologieunternehmen als *Early Mover* mit ihrer Plattform in jedem Sektor dominieren.[54] Darüber hinaus gibt es noch den internen Druck, der die Unternehmen zur digitalen Transformation antreibt, denn Unternehmen stehen unter dem Druck, ihre Umsätze zu steigern und Kosten zu senken und die digitale Transformation wurde als Mittel dazu angesehen. Daraus ergeben sich zwei Faktoren und zwar die Suche nach neuen Wachstumsquellen und die Suche nach Wegen zur Kostensenkung.[55] Dabei werden digitale Innovationen als Möglichkeit gesehen, sich von ihren Wettbewerbern zu differenzieren und so neues Wachstum für das Unternehmen zu schaffen. Ferner gibt es Möglichkeiten, durch den Einsatz digitaler Innovationen Kosten zu senken. Digitale Innovationen ermöglichen es Unternehmen, Prozesse zu digitalisieren und zu automatisieren, was wiederum zu einer höheren Effizienz führt. Die Digitalisierung ermöglicht wesentlich effizientere Prozesse, die wiederum die Möglichkeit bieten, Aufgaben zu automatisieren und die Kosteneffizienz deutlich zu verbessern.[56]

2.4 Ziele der digitalen Transformation

„Das Ziel der digitalen Transformation von Unternehmen ist es, Unternehmen fortlaufend und ohne vorhersebares Ende so umzubauen, dass sie sich den kontinuierlichen Marktveränderungen durch Digitalisierung stellen können. Bereits aus dieser Zieldefinition der digitalen Transformation ist erkennbar, wie umfassend der Überführungsprozess innerhalb von Unternehmen sein muss, um dieses Ziel erreichen zu können".[57] Hierbei ist die Sicherstellung der digitalen Bereitschaft von großer Bedeutung, d.h. die Unternehmen wollen gewährleisten, dass sie auf die sich ändernde Rahmenbedingungen aufmerksam werden, um bei Be-

---

[54] (Fereidouni & Kawa, 2019, S. 512)
[55] (Hyvönen, 2018, S. 41)
[56] (Hyvönen, 2018, S. 42)
[57] (Kofler, 2018, S. 1 f.)

darf schnell reagieren zu können. Die Ziele, bestehende Produkte durch Digitalisierung zu verbessern, sich an Produktinnovationen zu beteiligen und neue, potenziell disruptive Geschäftsmodelle zu erforschen und zu entwickeln, um wettbewerbsfähig zu bleiben und neue Umsätze zu generieren, wurden ebenfalls als Ziele angesehen, die Unternehmen zu einer digitalen Transformation motivieren. Weitere gemeinsame Ziele sind die Verbesserung der digitalen Kanäle und kundenorientierten Prozesse sowie die Bereitstellung aktueller digitaler Produkte, um mit den sich ändernden Kundenverhaltensweisen und -erwartungen Schritt zu halten und die Kundenzufriedenheit und den -dialog zu verbessern und aufrechtzuerhalten.[58]

2.5 Erfolgsfaktoren für die digitale Transformation

Der Einstieg in die digitale Transformation ist nicht einfach, denn vor und während der digitalen Transformation gibt es viel zu beachten.[59] Erfolgsfaktoren sind definiert als die wenigen Dinge, die gut laufen müssen, um den Erfolg im Unternehmen zu sichern. Sie repräsentieren gleichzeitig diejenigen Management- oder Unternehmensbereiche, denen besondere und kontinuierliche Aufmerksamkeit geschenkt werden muss.[60] Ein Aspekt ist die Organisationskultur, die sich auf den Prozess und das Ergebnis einer digitalen Transformation auswirkt. Für eine erfolgreiche digitale Transformation muss die Organisation als Ganzes eine unterstützende und agile Kultur annehmen, in der sich gemeinsame Geschäfts- und IT-Initiativen entwickeln können. Die wichtigsten identifizierten Unternehmenswerte für die digitale Transformation sind Offenheit für Veränderungen und Kundenorientierung. Eine Organisation, die Offenheit für Veränderungen schätzt, unterstützt die Bereitschaft, eine veränderungsorientierte Denkweise zu akzeptieren, umzusetzen, zu fördern und zu etablieren, die für die Bewältigung der digitalen Transformation unerlässlich ist. Unternehmen sollten eine Organisationskultur formen, bei der Agilität statt Kontrolle im Vordergrund steht.[61] Somit wirkt sich Kultur im Wesentlichen auf den Erfolg von Unternehmenstransformationen aus und demzufolge ist die Etablierung einer digitalen Denkweise und eines Kul-

---

[58] (Osmundsen & Iden, 2018, S. 5)
[59] (Osmundsen & Iden, 2018, S. 5 f.)
[60] (Liere-Netheler, Packmohr, & Vogelsang, 2018, S. 3927)
[61] (Osmundsen & Iden, 2018, S. 5 f.)

turwandels eine wesentliche Voraussetzung für eine erfolgreiche digitale Transformation im Unternehmen.[62]

Ein weiterer Erfolgsfaktor bezieht sich auf gut organisierte Transformationsmaßnahmen, wie die Verbesserung der digitalen Kanäle des Unternehmens.[63] Dies beinhaltet das Einrichten, Betreiben und die Optimierung der Kanäle, wie beispielsweise *Websites*, *Onlineshops* oder mobile Applikationen. Wichtige Tools reichen von der Konzeption über die visuelle Gestaltung bis hin zur Programmierung und zum Projektmanagement. Dazu gehört auch das *Monitoring* von Analyse- und *Social-Media*-Kanälen für Feedback. Regeln, die diese Maßnahmen beeinflussen, sind die Ausrichtung an bestehende Strategien und die Einhaltung der Sicherheitsrichtlinien des Unternehmens, sowie die Befolgung der gesetzlichen Richtlinien der Branche.[64] Eine weitere Maßnahme ist die Anpassung der täglichen Arbeitspraktiken, um eine digitale Transformation im Unternehmen umzusetzen und reichen von allen Mitarbeitern über das Produktentwicklungsteam bis hin zum Managementteam. Dabei geht es um die Einrichtung zusätzlicher regelmäßiger Meetings zwischen den Leitern der Organisation, die Anwendung neuer Ansätze wie *Design Thinking*, der Umstieg auf agile Methoden (nicht nur in der Softwareentwicklung, sondern auch in anderen Funktionen) oder die Verwendung neuer Tools, mit denen Mitarbeiter ihren Arbeitsalltag verändern und somit eine engere Zusammenarbeit ermöglichen. Das Top-Management fungiert hauptsächlich als Supervisor von Maßnahmen, während das mittlere Management dafür verantwortlich ist, diese veränderten Praktiken in den jeweiligen Geschäftsbereichen umzusetzen.[65] Eine zusätzliche Maßnahme ist das Nutzen von externem und internem Wissen für die digitale Transformation.[66] Dies geschieht, indem das Wissen von Kunden und Endbenutzern angewendet wird, um maßgeschneiderte, aktuelle digitale Produkte und Dienstleistungen bereitzustellen. Eine weitere Möglichkeit ist die Zusammenarbeit mit *Start-ups*, um agilere Projektmethoden zu entwickeln und Gründungsmentalitäten zur Reduzierung des Innovationswiderstands einzuführen.[67] Internes Wissen erweist sich zudem als unverzichtbar für

---

[62] (Hartl & Hess, 2017, S. 3)
[63] (Osmundsen & Iden, 2018, S. 6)
[64] (Berghaus & Back, 2017, S. 6)
[65] (Berghaus & Back, 2017, S. 6)
[66] (Osmundsen & Iden, 2018, S. 6)
[67] (Piccinini, Hanelt, Gregory, & Kolbe, 2015, S. 10 f.)

die digitale Transformation. Eine intern ausgerichtete digitale Transformation hängt insbesondere nicht nur von der Identifizierung und Implementierung innovativer digitaler Technologien ab, sondern auch davon, dass die Mitarbeiter diese Technologien nutzen, um in ihrer Arbeit innovativer und selbst zu ‚digitalen Transformatoren' zu werden. Dabei ist die Bedeutung der Kommunikation mit den Mitarbeitern essentiell, sodass die Mitarbeiter leicht verstehen, was die Technologie kann und wie sie sie nutzen können.[68] Ein weiterer wichtiger Aspekt ist das Humankapital von Organisationen, denn es spielt in mehrfacher Hinsicht eine wichtige Rolle für den Prozess und das Ergebnis des digitalen Wandels innerhalb einer Organisation.[69] Im Falle, dass ein CDO ernannt oder eingestellt wird, hängt diese Rolle vom Aufbau und der Erzielung eines ausreichenden Einflusses in der Organisation ab, um die beabsichtigten Transformationsmaßnahmen zu verfolgen und Reaktionen zu erzielen.[70] Zudem müssen sich Mitarbeiter, die an Prozessen arbeiten, welche von der digitalen Transformation betroffen sind, an den Veränderungen beteiligen, damit die Transformation ihr volles Potenzial entfalten kann. Im Zuge dessen sollten Manager die Bedenken der Mitarbeiter berücksichtigen und sie aktiv mit einbeziehen, um die Beteiligung, das Engagement und die Akzeptanz der Mitarbeiter zu steigern.[71] Die Teilnahme an Veränderungsprozessen kann den Widerstand der Mitarbeiter gegen die Prozesse verringern und damit die Zielerreichung und das organisatorische Engagement verbessern.[72] Darüber hinaus ist es von großer Bedeutung, Mitarbeiter mit neuen Talenten und der Fähigkeit, das Fachwissen der digitalen Technologie mit dem Geschäfts-*Know-how* zu verbinden, anzuwerben, einzustellen und im Unternehmen zu halten.[73] Es wurde zudem festgestellt, dass weitere interne Potenziale, wie z.B. die IT-Fähigkeit die digitale Transformation ermöglichen.[74] IT-Fähigkeit beschreibt die Kompetenz eines Unternehmens, IT-basierte Ressourcen in Kombination mit den Ressourcen anderer Unternehmen zusammenzufügen und einzusetzen. Unternehmen, die in der Lage sind, ihre IT-Ressourcen zu planen und zu integrieren,

---

[68] (Osmundsen & Iden, 2018, S. 6 f.)
[69] (Osmundsen & Iden, 2018, S. 7)
[70] (Horlacher, Klarner, & Hess, 2016, S. 9)
[71] (Osmundsen & Iden, 2018, S. 7)
[72] (Petrikina, et al., 2017, S. 6)
[73] (Piccinini, Hanelt, Gregory, & Kolbe, 2015, S. 10 f.)
[74] (Osmundsen & Iden, 2018, S. 7)

sind besser positioniert, um Informationen über Kunden zu erfassen, Wissen auszutauschen und Geschäftsprozesse zu verbessern.[75]

2.6 Auswirkungen auf Unternehmen

Durch die Digitalisierung von Prozessen, Dienstleistungen und Produkten entsteht in allen Branchen die Forderung einer mehr oder minder umfangreichen Neuausrichtung der Geschäftsmodelle bzw. der Art und Weise, wie die Unternehmensausrichtung in Zukunft aussehen sollte. Die notwendigen Veränderungsprozesse greifen dabei grundlegend in die gegenwärtigen Ablauf- und Aufbauorganisationen und gleichermaßen in die zentralen Leistungsfelder der Unternehmen ein. Im Zuge dessen wird eine digitale Transformation erforderlich, um die neuen Gestaltungsmöglichkeiten einerseits und die innovativen Bedürfnisse der relevanten Anspruchsgruppen andererseits zum Ausgleich zu bringen.[76] „Die Transformation des Unternehmens findet nach innen gerichtet statt. Die Ergebnisse davon jedoch, wirken nach außen und die sind es, die die zukünftige Wettbewerbssituation des Unternehmens bestimmen".[77] Unternehmen stehen vor neuen Wettbewerbsherausforderungen und stehen im Wettbewerb mit einer wachsenden Zahl von Konkurrenten und branchenfremden Anbietern. Darüber hinaus erfahren Unternehmen den Druck der Digitalisierung, da die Wettbewerber digitale Fortschritte machen, neue Marktteilnehmer mit disruptiven digitalen Geschäftsmodellen auftauchen und den technologischen Fortschritt im Allgemeinen, wodurch Unternehmen wiederum zu organisatorischen Transformationen veranlasst werden. Viele Unternehmen sind sich der Notwendigkeit bewusst, ihre Organisation zu transformieren, um relevant und wettbewerbsfähig zu bleiben und mit der digitalen Entwicklung in ihrer Branche Schritt zu halten. Wenn sich der Druck der Digitalisierung weiter verschärft und schnell erhöht, kann dies dazu führen, dass eine Organisation ihre digitalen Ambitionen zum Ausdruck bringen muss, indem sie eine CDO-Rolle für die Steuerung der digitalen Transformation im Unternehmen einrichtet.[78] Alle Branchen werden vom digitalen Wandel betroffen sein und dabei werden Unternehmen sich mit ganz neuen Wettbewerbern befassen müs-

---

[75] (Nwankpa & Roumani, 2016, S. 3)
[76] (Kreutzner, 2017, S. 33 f.)
[77] (Kofler, 2018, S. 1 f.)
[78] (Osmundsen & Iden, 2018, S. 5)

sen.[79] „Denn Digitalisierung und technischer Fortschritt geben heute jedem Unternehmen die Mittel an die Hand, selbst neue Geschäftsmodelle zu entwickeln, zusätzliche Absatzkanäle zu erschließen und die *Online-* mit der *Offlinewelt* zu verbinden".[80] Unternehmen sollten die neuen Möglichkeiten auf rationale und kreative Art und Weise für sich nutzen.[81] Mit zunehmender digitaler Transformation können Unternehmen ein verbessertes Kundenangebot erzielen, indem sie Anpassungen an Kundenwünsche vornehmen, die Kundenzufriedenheit steigern und die Vertriebskosten senken.[82] Die digitale Transformation geht außerdem weit über die bloße Digitalisierung von Produkten und Dienstleistungen hinaus. Unternehmen müssen ihre Branchen und ihren Wertbeitrag neu definieren.[83] Die digitale Transformation ist eine Quelle für kontinuierliches Unternehmertum und Geschäftsdynamik, insbesondere in technologieintensiven Branchen. Diese Unternehmen haben sich neu organisiert, um gleichzeitig in zwei verschiedenen Modi zu operieren. Der Standardmodus hält traditionelle Unternehmen und Abläufe am Laufen, während ein disruptiver Modus zusätzliche Möglichkeiten zur Erschließung neuer Märkte und zur Innovation bei Technologien, Prozessen, Produkten oder Dienstleistungen bietet.[84] Des Weiteren ist die Industrie beispielsweise bestrebt, ganzheitliche Geschäftsmodelle einzuführen, Produkte und Dienstleistungen komplett neu zu gestalten und engere Interaktionen mit Lieferanten und langfristige Partnerschaften mit Kunden aufzubauen. Die weit verbreitete Umsetzung der digitalen Transformation wird das Geschäftsumfeld der Branche erheblich beeinflussen, beispielsweise durch eine bessere Integration der Wertschöpfungskette und die Erschließung neuer Märkte mit Wettbewerbsvorteilen.[85] Ferner sind Organisationsstrukturen und -routinen von zentraler Bedeutung für die Umsetzung der Vision der digitalen Transformation und erleichtern die Rückkehr zu Stabilität und Kontrolle nach einer Phase des schnellen und disruptiven Wandels. Deshalb wird das Thema, wie ein Unternehmen seine digitale Transformation angehen soll, nicht nur in die IT-Strategie, sondern verstärkt in

---

[79] (Schlotmann, 2018, S. 2)
[80] (Schlotmann, 2018, S. 2)
[81] (Schlotmann, 2018, S. 2)
[82] (Nwankpa & Roumani, 2016, S. 6)
[83] (Hartl & Hess, 2017, S. 3)
[84] (Duarte & Ebert, 2018, S. 1)
[85] (Duarte & Ebert, 2018, S. 1)

die Gesamtunternehmensstrategie integriert, und Führungskräfte sind aufgerufen, eine digitale Transformationsstrategie zu definieren.[86]

2.7 Herausforderungen für Unternehmen

Die digitale Transformation ist entscheidend und relevant für das Überleben von Unternehmen in allen Branchen. Sie fordert Manager heraus, ihre Geschäftsmodelle zu überdenken, die digitale Innovation als Schlüsselfaktor für den wirtschaftlichen Erfolg zu fördern und ihre Unternehmensstrategie, -struktur und -kultur an die Anforderungen des digitalen Zeitalters anzupassen.[87] Um den sich schnell verändernden Umweltbedingungen und dem Tempo dieser Änderungen durch technologische Innovationen gerecht zu werden, müssen Unternehmen sich grundlegend umgestalten und umstrukturieren, um in dem disruptiven Umfeld zu überleben.[88] Es gibt mehrere Faktoren, die digitale Transformationen für Unternehmen besonders anspruchsvoll machen: Erstens kann die digitale Transformation eine radikale und disruptive Veränderung sein, bei der Unternehmen in einen völlig anderen Zustand übergehen, was für viele eine große Herausforderung sein kann. Zweitens treiben neue Anforderungen der Netzwerkgesellschaft, verändertes Nutzerverhalten und neue Technologien wie die Konnektivität von Geräten und der mobile Datenzugriff die Geschwindigkeit der digitalen Transformation voran. Diese vielfältigen und neuartigen externen Impulse erfordern, dass die Entscheidungsträger diese Signale erklären, interpretieren und eine strategische Vision für die Zukunft definieren. Dieser Prozess umfasst alle Mitarbeiter und kann auch konkurrierende Perspektiven in verschiedenen Bereichen des Unternehmens hervorrufen. Viele große produzierende Unternehmen haben jedoch aufgrund interner Preiskonflikte Schwierigkeiten, ihre Geschäftseinheiten zur Zusammenarbeit anzuregen, und sind nicht in der Lage, potenzielle Partnerschaften im digitalen Kontext zu identifizieren und aufzubauen.[89]

---

[86] (Berghaus & Back, 2017, S. 1 f.)
[87] (Berghaus & Back, 2017, S. 1 f.)
[88] (Hartl & Hess, 2017, S. 3)
[89] (Osmundsen & Iden, 2018, S. 6)

Das bedeutendste Thema im Hinblick auf neue Technologien und eine Herausforderung für Unternehmen ist die sich immer weiter entwickelnde Beziehung zwischen Mensch und Maschine. Jedes Unternehmen sollte die Bedeutung dieser Entwicklungen für sein eigenes Unternehmen berücksichtigen. Dabei sollte die Perspektive erweitert werden und somit sollte nicht nur von einer Zukunft ausgegangen werden, in der Menschen von Maschinen ersetzt werden. Es sind genauer genommen drei Haupt-Trends zu verzeichnen: Der Ausbau Menschlicher Kompetenz durch die Technologie, das Ersetzen von Menschen durch Maschinen und die Kollaboration von Mensch und Maschine. Das Verständnis für Menschen und ihre Umgebung prägt sich bei Maschinen immer weiter aus. Ein Beispiel hierfür ist das Erkennen von Emotionen in der Stimme während des Sprechens. Aber auch Menschen werden besser darin, Maschinen zu verstehen, bspw. durch das Internet der Dinge. durch die stetig wachsende Zusammenarbeit lernen Mensch und Maschine gleichzeitig voneinander.[90] „Technologien stellen für Unternehmen gleichermaßen Chancen dar, wenn sie auf diese Technologien setzen. Technologien können aber auch unternehmensbedrohende Risiken verkörpern, wenn Unternehmen deren Relevanz für die Nutzer nicht erkennen und nicht schnell genug auf die entsprechenden Technologien setzen".[91]

---

[90] (Kreutzner, 2017, S. 47)
[91] (Kreutzner, 2017, S. 45)

3 Der Chief Digital Officer

Durch die Klärung der Terminologie und deren Kontext im vorangegangenen Kapitel, kann nachfolgend die Entstehung und Rolle des CDOs herausgestellt werden. Durch das breite Spektrum der digitalen Transformation werden die vielfältigen Aufgaben und Verantwortungsbereiche, welche dieser Position innewohnen, aufgeführt. Weiterhin wird auf seine Kompetenzen und Anforderungen eingegangen, die es dann ermöglichen den CDO im Unternehmen einzuordnen und ihn dann in der Aufbauorganisation verankern.

3.1 Entstehung und Definition der CDO Position

Die digitale Transformation des Unternehmens verändert die Perspektive, wer für die Daten in Bezug auf Geschäftsprozesse verantwortlich ist. Die IT-Organisation soll Daten verwalten, reparieren, beheben und aufbereiten - aber leider ist die IT dieser Aufgabe nicht gewachsen. Die Wahrnehmung, dass die IT allein für Daten verantwortlich sein sollte, ändert sich, da die übergreifenden Transformationsfragen nun eine Validierung der Kerngeschäftsmodelle, des Wertbeitrags und der grundlegenden Annahmen, auf denen das Geschäft basiert, erfordern. Erstmals müssen Unternehmen *End-to-End*-Prozesse und den gesamten Kundenlebenszyklus betrachten, um effektiv auf Kundenbedürfnisse reagieren zu können. Die IT-Abteilung kann nicht dafür verantwortlich sein, das Geschäftsversprechen oder die Grundlagen zu ändern. Da Daten heute untrennbar im Mittelpunkt der Transformation stehen und digitale Disruptionen enorme Auswirkungen auf Unternehmen und Institutionen jeder Größe haben werden, liegen die Daten nun in der Verantwortung der C-Ebene.[92] Die Frage, wer die digitale Transformation leiten soll, ist nicht selbstverständlich. Wird es einer der Geschäftsführer mit Kundenorientierung sein, z. B. aus dem Bereich Marketing und Vertrieb? Oder wechselt der Chief Information Officer (CIO) in die Rolle des *Digital Leaders* und überträgt gleichzeitig die operativen IT-Verantwortlichkeiten an einen Chief Technology Officer (CTO)? Eine weitere Möglichkeit besteht darin, für die Leitung eines digitalen Übergangs eine neue Vollzeitrolle im Führungsteam zu schaffen – die Rolle des CDOs.[93]

---

[92] (Earley, 2017, S. 64)
[93] (Deloitte, 2018, S. 4)

Die Position des CDOs ist relativ neu. Sie entstand als unternehmerische Reaktion auf die zunehmende Einsicht der Führungskräfte, dass ihre Organisationen jemanden benötigen, der ihre digitalen Transformationsstrategien entwickelt und deren Umsetzung leitet. Unternehmen entschieden, dass sie jemanden mit einer Perspektive benötigen, die breiter ist als beispielsweise die traditionellen Aufgaben etablierter Führungsrollen wie die des CIOs und CTOs. CDOs sollen im Gegensatz zu ihren CIO- und CTO-Kollegen einen organisationseigenen Ansatz für die digitale Transformation verfolgen. Jede Abteilung ist bereit für die Digitalisierung, von Marketing über Finanzen bis hin zu Personal, und von CDOs wird erwartet, dass sie sich der Herausforderung der Digitalisierung stellen.[94] Diese neue Position schafft die Möglichkeit, neue Führungskräfte von außen anzuziehen, mit der Erfahrung und den Fähigkeiten, die für die Stelle erforderlich sind. Der CDO ist ein Katalysator und Treiber des Wandels, der im Unternehmen eine neue Kultur und Denkweise sowie neue Arbeitsweisen hervorbringt, die sonst nicht oder zu langsam stattgefunden hätten.[95] Das Konzept des CDOs gewinnt an Bedeutung, da Unternehmen beginnen, die vollen Auswirkungen eines robusten, dynamischen Daten-, Wissens- und Informationsflusses über Geschäftsinteressen und soziale Aktivitäten hinweg zu erkennen.[96]

---

[94] (Brooks, Smets, & Stephen, 2018, S. 6)
[95] (Deloitte, 2018, S. 8)
[96] (Dumeresque, 2014, S. 2)

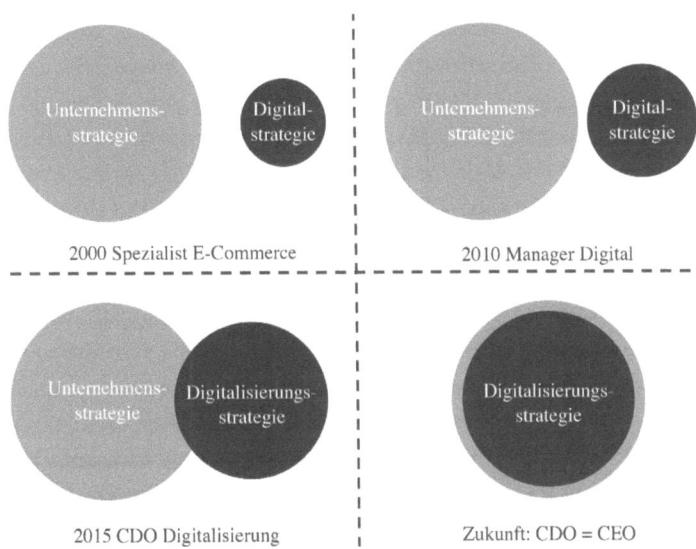

Abbildung 2: Organisches Mitwachsen der CDO-Position zur Entwicklung der Digital(isierungs)strategie
Quelle: eigene Darstellung in Anlehnung an (Boeselager, 2018, S. 20)

„Abgeleitet vom klassischen Bild des Zusammenwirkens von Strategie und Organisation zeigt sich das organische Mitwachsen der Position des CDOs entsprechend der Bedeutung der Digital(isierungs)strategie für das gesamte Unternehmen".[97] Dies wird anhand von *Abbildung 2* deutlich. Innerhalb des ersten Jahrzehnts nach der Jahrtausendwende war noch zu erkennen, dass die Unternehmensstrategie gewissermaßen von der Digitalstrategie getrennt war. Dabei entwickelte sich lediglich das Level vom Spezialisten für *E-Commerce* hin zu einem übergreifenden Digital Manager.[98] Im Laufe der Zeit wurde erkannt, welche Bedeutung das Thema ‚Digital' für das gesamte Unternehmen hat, wodurch die Digitalstrategie zur Digitalisierungsstrategie weiterentwickelt und zusammen mit der Einführung der Position des CDOs eine Verbindung zur Unternehmensstrategie hergestellt wurde. Ein denkbares Szenario für die Zukunft wäre, dass die Digitalisierungsstrategie vollkommen in der Unternehmensstrategie aufgeht und der

---

[97] (Boeselager, 2018, S. 20)
[98] (Boeselager, 2018, S. 20)

CDO die Rolle des Chief Executive Officers (CEO) einnimmt.[99] Die Digitalisierung, der technologische Fortschritt und ganz allgemein die vierte industrielle Revolution bieten spannende Möglichkeiten.[100] Es ist ein großer Auftrag, vor allem, wenn bedacht wird, dass nahezu niemand als erfahrener CDO auftritt, denn diese Rolle hat gerade erst begonnen, zu existieren. Im Gegensatz zu anderen Top-Führungskräften - darunter Chief Marketing Officer (CMO), CIOs und auch Chief Data Officers, eine ebenso junge Ergänzung der *C-Suite*, die in erster Linie den Aufwand für die Erfassung und Analyse großer Datenmengen übernimmt – kann die Rolle des CDO als jene Führungskraft definiert werden, der sowohl die Verantwortung als auch die Befugnis übertragen wurde, die Transformation des Unternehmens in ein volldigitales Unternehmen herbeizuführen.[101] Immer mehr Unternehmen schaffen die Position des CDOs, um den Fortschritt ihrer digitalen Transformation zu unterstützen.[102] Es besteht jedoch kein einheitliches Verständnis der CDO-Rolle.[103] Da sich die Unternehmen in ihrem digitalen Reifegrad stark voneinander unterscheiden und die Anforderungen an die Digitalisierung von der Art der Branche abhängen, in der sie tätig sind, ist es praktisch unmöglich, die Rolle des CDOs zu verallgemeinern.[104] Unternehmen bündeln unter dieser Position eine Vielzahl von Verantwortlichkeiten, und jeder definiert die CDO-Rolle und ihren Umfang unterschiedlich.[105]

Die Bandbreite dieser Position reicht derzeit vom C-Level-Manager, der auf Geschäftsprozesse, Unternehmensstrategie und den digitalen Wandel konzentriert ist, bis hin zum Technikverantwortlichen, der ausschließlich für den Betrieb der IT-Infrastruktur zuständig ist und auf Kostenminimierung achtet.[106]

---

[99] (Boeselager, 2018, S. 21)
[100] (Brooks, Smets, & Stephen, 2018, S. 6)
[101] (Friedrich, Péladeau, & Mueller, 2015, S. 5 f.)
[102] (Horlacher, Klarner & Hess, 2016, S. 1)
[103] (Haffke, Kalgovas, & Benlian, 2016, S. 8)
[104] (Friedrich, Péladeau, & Mueller, 2015, S. 14)
[105] (Haffke, Kalgovas, & Benlian, 2016, S. 8)
[106] (Walchshofer & Riedl, 2017)

3.2 Aufgaben und Verantwortungsbereiche des CDOs

Ursprünglich war der CDO oft die Person, die aufgrund ihres tiefen Verständnisses von *Social Media* durch die Erweiterung traditioneller Marketinggebiete in die digitale Welt für das digitale Marketing im Unternehmen verantwortlich war. Inzwischen gilt der CDO als Top-Digitalisierungsbeauftragter und fungiert als *Digital Champion* im Unternehmen. Er oder sie muss die Verantwortung und damit das Management der digitalen Transformation übernehmen, indem er ein völlig neues digitales Ökosystem schafft, um auf den heutigen Märkten wettbewerbsfähig zu bleiben.[107] Einen Wettbewerbsvorteil in einem schnell digitalisierenden Zeitalter zu erlangen, ist jedoch eine Herausforderung. Deshalb müssen CDOs die aktuelle Position und zukünftige Strategie ihres Unternehmens verstehen und sich auf die Aspekte konzentrieren, die einen Einfluss auf die Wertschöpfung für den Kunden haben. CDOs müssen dennoch mehr tun, als sich nur an den Geschäftszielen ihres Unternehmens auszurichten.[108] Der CDO eines Unternehmens ist auch dafür verantwortlich, das bestehende Geschäftsmodell in Frage zu stellen. Um diese Anforderungen zu erfüllen, muss der CDO in der Lage sein, mit vielen digitalen Technologien zu experimentieren und diese anzuwenden.[109]

Die Auswirkungen der Digitalisierung sind allumfassend und können jeden Aspekt des Unternehmens verändern – einschließlich der Unternehmensziele selbst, sei es durch die Verfolgung eines neuen Geschäftsmodells, die Neuausrichtung des Kundenerlebnisses, die Steigerung der digitalen Innovation oder das Wachstum der operativen Effizienz. Daher ist es Aufgabe der CDOs, sich aktiv an der Entwicklung der Geschäftsstrategie zu beteiligen und den Prozess bei Bedarf zu leiten.[110] Der CDO ist ein digitaler Geschäftsstratege, der die Auswirkungen der Digitalisierung in der gesamten Organisation ganzheitlich versteht und kommuniziert, oft mit zusätzlichen Verantwortlichkeiten, deren Rollenprofil sich teilweise mit dem traditionellen CIO-Rollenprofil überschneiden kann.[111] Die funktionsübergreifende Aufgabe des CDOs ist, Unternehmen für das digitale Zeitalter zu transformieren, den Übergang vom operativen Geschäftsbetrieb, Vertrieb und

---

[107] (Becker, Schmid, & Botzkowski, 2018, S. 4534 f.)
[108] (Friedrich, Péladeau, & Mueller, 2015, S. 20)
[109] (Giebe, 2019, S. 11 f.)
[110] (Friedrich, Péladeau, & Mueller, 2015, S. 20)
[111] (Haffke, Kalgovas, & Benlian, 2016, S. 8)

Marketing, Systemen und Produktion zu überwachen - zusammen mit der internen Unternehmenskultur und in einigen Fällen den Produkten und Dienstleistungen des Unternehmens selbst.[112] Im Allgemeinen helfen CDOs ihren Unternehmen, das Beste aus den digitalen Technologien herauszuholen. Sie sind ständig an der Entwicklung digitaler Kompetenzen beteiligt.[113] Der CDO sollte für alle Bestandteile der digitalen Transformation, nämlich sowohl für die kundenorientierten Elemente der Transformation, einschließlich der Entwicklung neuer Produkte und Dienstleistungen, als auch für die relevanten Kundenerfahrungen, die durch die Digitalisierung ermöglicht werden, sowie für die erforderlichen operativen Veränderungen verantwortlich sein (*Abbildung 3*).[114]

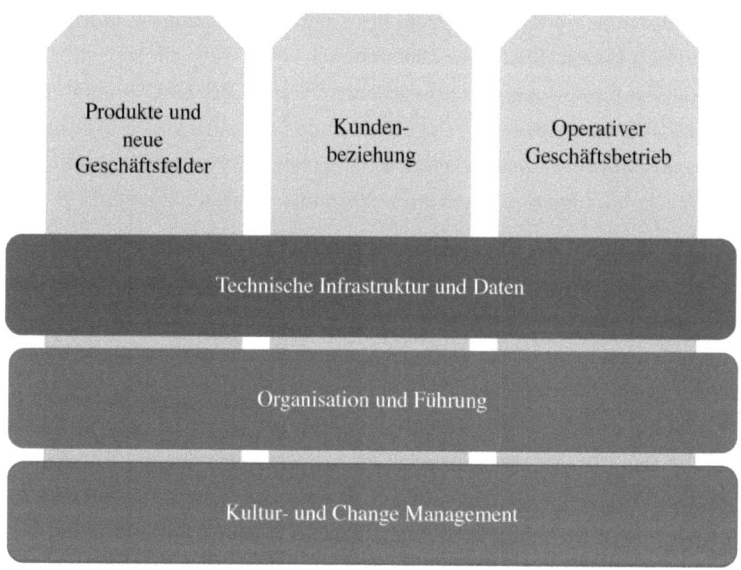

Abbildung 3: Rahmen der digitalen Transformation – Verantwortungsbereiche des CDOs
Quelle: eigene Darstellung in Anlehnung an (Friedrich, Péladeau, & Mueller, 2015, S. 16)

---

[112] (Friedrich, Péladeau, & Mueller, 2015, S. 5 f.)
[113] (Giebe, 2019, S. 11 f.)
[114] (Friedrich, Péladeau, & Mueller, 2015, S. 14)

Darüber hinaus, muss der CDO die branchenspezifischen Aspekte der Digitalisierung verstehen, die Auswirkungen auf das Unternehmen ermitteln, eine ganzheitliche digitale Strategie im gesamten Unternehmen entwickeln, diese kommunizieren und die erforderlichen Veränderungsmaßnahmen leiten.[115] Der CDO ist nicht nur für die Entwicklung von digitalen Unternehmensstrategien verantwortlich, um sicherzustellen, dass das Unternehmen mit den sich ändernden Technologien und dem Verbraucherverhalten Schritt hält, sondern sollte auch die volle Verantwortung für den digitalen Fußabdruck des Unternehmens tragen. Seine Mission ist es auch, Kunden (sowohl interne als auch externe) zu verstehen und mit ihnen in Kontakt zu treten.[116] Der CDO soll sich um die digitale Innovation sowohl extern, in den Interaktionen des Unternehmens mit Kunden, Partnern und Lieferanten als auch intern kümmern und dabei Daten sammeln und analysieren, die Effizienz durch den Einsatz digitaler Technologien verbessern und die Organisation und Kultur so verändern, dass das Unternehmen im digitalen Zeitalter erfolgreich konkurrieren kann.[117] Auch die technische Infrastruktur sowie die Datenerfassung und -analyse sollten in den Zuständigkeitsbereich des CDO fallen. Ebenso sollten die Reorganisation des Unternehmens zur Erfüllung seiner digitalen Mission und der Steuerungsmechanismen, die erforderlich sind, um sicherzustellen, dass kritische und oft heiß diskutierte Funktionen wie die Überwachung der Entwicklung neuer digitaler Dienste und Datenanalysen, effektiv durchgeführt werden. Schließlich muss der CDO ein Akteur des Kulturwandels sein und sich für die digitale Transformation im gesamten Unternehmen einsetzen.[118] Der Schwerpunkt der Aufgaben in dieser Position liegt auf dem strategischen Wachstum, insbesondere auf der Steigerung der digitalen Verkaufserlöse und dem Ausbau der Marktanteile. Wie im nachfrageseitigen Management üblich, ist in diesem Zusammenhang die Reaktionsfähigkeit auf den Markt von besonderer Bedeutung.

CDOs weisen meist eine starke Kundenorientierung auf, die auf die Schaffung von nahtlosen und personalisierten Kundenerlebnissen abzielt.[119] Somit liegt die gesamte digitale Kundenerfahrung im Verantwortungsbereich des CDOs. Dazu gehört eine interaktive und personalisierte Kundenansprache (auch *digital customer*

---

[115] (Haffke, Kalgovas, & Benlian, 2016, S. 8)
[116] (Dumeresque, 2014, S. 2)
[117] (Friedrich, Péladeau, & Mueller, 2015, S. 6)
[118] (Friedrich, Péladeau, & Mueller, 2015, S. 14 f.)
[119] (Horlacher & Hess, 2016, S. 5133)

journey genannt) über sämtliche Kanäle hinweg.[120] Diese Führungskraft hat die doppelte Aufgabe, sowohl ein umfassendes digitales Erlebnis für die Kunden als auch die internen Fähigkeiten zu entwickeln, die zur Unterstützung dieser Bemühungen erforderlich sind - bei gleichzeitiger Verwaltung der erforderlichen erheblichen Investitionen.[121] Die Aufgaben des CDOs können als sehr nachfrageorientiert beschrieben werden. In der Rolle sollen die strategischen Optionen zum Markt-, Unternehmens- und Erlöswachstum mit dem Fokus der Schaffung IT-basierter Innovationen vorgelegt werden. Zusätzlich zur Ausarbeitung einer Digitalstrategie soll der CDO den erforderlichen Wandel im Unternehmen koordinieren. Darüber hinaus gehört auch die Motivation der Mitarbeiter dahingehend und das entsprechende Trainieren und Befähigen dazu.[122] Das kann erzielt werden, indem CDOs die gesamte Belegschaft, abteilungs- und hierarchieübergreifend, davon überzeugen, an einem Strang zu ziehen.[123] Netzwerken (intern sowie extern) und Beziehungen aufbauen, pflegen und erweitern gehört genauso zu den Aufgaben des CDOs.[124] Im Zuge der digitalen Innovation sollte der CDO ständig neue Trends und Innovationen in der Branche verfolgen und analysieren, wie sie an das Unternehmen angepasst werden können. Er sollte immer auf der Suche nach Unternehmen sein, die außergewöhnlich gut darin sind, den digitalen Wandel zu managen und dies als Inspiration nehmen. Dies kann dann für die Anpassung im eigenen Unternehmen ausprobiert werden.[125] Weitere Aspekte der Rolle, die oft nicht immer berücksichtigt werden, sind die Kommunikation der bevorstehenden digitalen Chancen und Bedrohungen, die Förderung des kulturellen Wandels im gesamten Unternehmen, die Einführung digitaler Kollaborationswerkzeuge, die Einrichtung und Führung von digitalen Innovationslabors sowie die Geschäftsverantwortung für digitales Marketing oder digitale Vertriebskanäle.[126] Der CDO kann zudem für den Aufbau eines Kompetenzteams zuständig sein, wobei nicht alle Mitarbeiter in diesem Team Vollzeit arbeiten müssen. Stattdessen ist es ebenso förderlich, diese Mitarbeiter in unterschiedlichen Abteilungen zu

---

[120] (Walchshofer & Riedl, 2017)
[121] (Friedrich, Péladeau, & Mueller, 2015, S. 5 f.)
[122] (Walchshofer & Riedl, 2017)
[123] (Horlacher & Hess, 2016, S. 5133)
[124] (Walchshofer & Riedl, 2017)
[125] (Horlacher & Hess, 2016, S. 5129)
[126] (Haffke, Kalgovas, & Benlian, 2016, S. 8)

verteilen, um Unterstützer im gesamten Unternehmen zu haben. Der Aufbau von Wissen und die Verteilung des Wissens im Unternehmen ist fundamental.[127]

In der in 2019 erhobenen Studie von Egon Zehnder wurden 107 CDOs aus 20 Ländern unter anderem zu Ihren Aufgaben befragt, um herauszufinden, was CDOs wirklich tun. Dies ist in *Abbildung 4* dargestellt. Mehr als die Hälfte der Befragten (56 %) gaben an, dass ihre Aufgabe darin besteht, die wirtschaftlichen Auswirkungen und/oder die digitale Monetarisierung zu fördern. Weitere 19 % gaben an, dass ihr Hauptziel darin besteht, die langfristige Produktstrategie und Innovation voranzutreiben, während 10 % angaben, dass sie gebeten wurden, sich auf die Entwicklung der Unternehmenskultur zu konzentrieren. Fast zwei Drittel (64 %) gaben an, dass ihnen Datenwissenschaftler berichten.[128] „Da die Digitale Transformation nicht nur eine technologische Herausforderung ist, müssen CDOs das Geschäftsmodell und die organisationalen Beziehungen – interne wie externe – im Blick haben. Im Kern muss ein CDO technologische Trends beobachten, eine Digitalstrategie erarbeiten, effiziente Strukturen und Prozesse schaffen sowie Kunden-, Lieferanten- und Mitarbeiterbeziehungen pflegen und neugestalten".[129]

---

[127] (Kofler, 2018, S. 165)
[128] (Egon Zehnder International, Inc, 2019, S. 7)
[129] (Heinrich, Gärtner, Lopper, & Bolesta, 2018, S. 7)

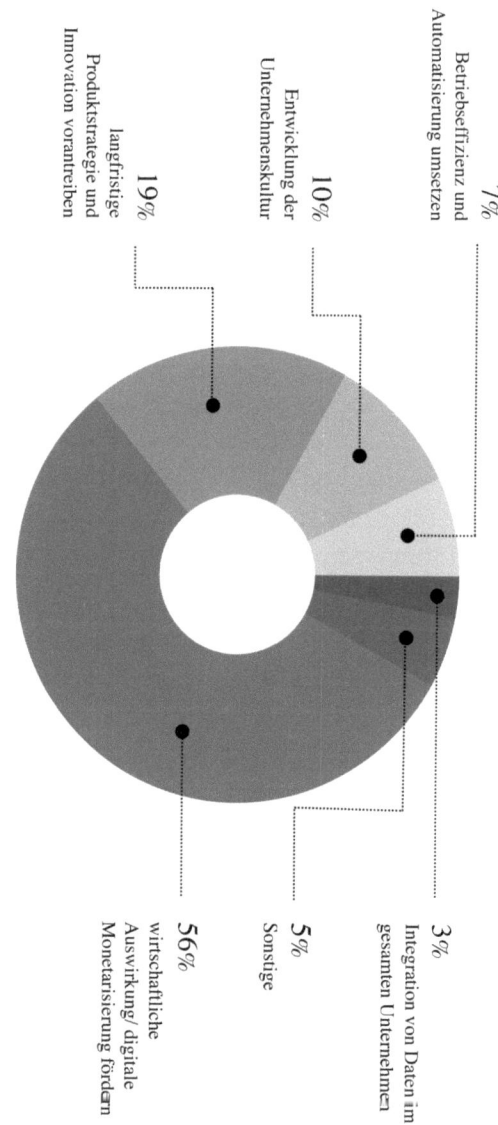

Abbildung 4: Hauptaufgaben eines CDOs
Quelle: eigene Darstellung in Anlehnung an (Egon Zehnder International, Inc, 2019, S. 7)

CDOs können positive Kräfte für Veränderung und Innovation sein. Sie können die Organisationen dazu anleiten, neue technologiegestützte Wert- und Wachstumsquellen zu finden, Daten und Technologien zu nutzen, um engere und wertvollere Kundenbeziehungen aufzubauen, und fortschrittliche Technologien wie KI einzusetzen, um Probleme zu lösen und neue Effizienzstufen zu erreichen.[130]

In der Chief Digital Officer Studie 2018 von Heinrich, Gärtner, Lopper und Bolesta wurden die Teilnehmer gefragt, welche Rolle der CDO-Bereich bei der funktionsübergreifenden Planung und Umsetzung von digitalen Projekten spielt. Die Ergebnisse sind in *Abbildung 5* veranschaulicht. Fast zwei Drittel gaben an, dass der CDO für die Steuerung von Digitalisierungsprojekten verantwortlich ist und somit die Rolle des Projektsponsors/-steuerers einnimmt. Bei 25,3 % der Befragten, leitet der CDO das Digitalisierungsprojekt vollständig und bei 5,1 % zum Teil. Lediglich die Mitarbeit an Digitalisierungsprojekten ohne Steuerungs- oder Leitaufgaben nehmen 11,3 % der CDOs in den befragten Unternehmen wahr. In 15,9 % der Unternehmen findet gar keine Mitarbeit/ Beteiligung der CDOs an Digitalisierungsprojekten statt.[131]

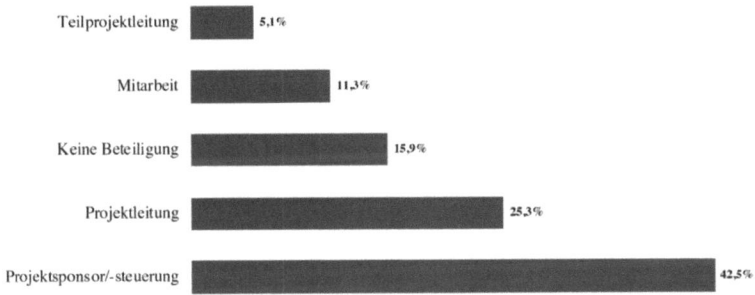

Abbildung 5: Rolle des CDO-Bereichs bei der Planung und Umsetzung von Digitalisierungsprojekten
Quelle: eigene Darstellung in Anlehnung an (Heinrich, Gärtner, Lopper, & Bolesta, 2018, S. 20)

---

[130] (Brooks, Smets, & Stephen, 2018, S. 6)
[131] (Heinrich, Gärtner, Lopper, & Bolesta, 2018, S. 20)

Letztendlich ist es das Ziel jedes CDOs, die digitale Agenda so tief und effizient zu verankern, dass sie zu einer Lebensweise für alle Mitarbeiter, für jede Funktion in der Organisation und zu einer Priorität für jedes Mitglied der *C-Suite* wird.[132] Die Rolle des CDOs als Katalysator für Veränderungen hat jedoch eine begrenzte Lebensdauer. Das Ziel eines CDOs ist es, das Unternehmen zu einem Zustand zu entwickeln, in dem ‚digital' zur Norm geworden ist und in dem die digitale DNA tief in das Gewebe des Unternehmens eingebettet ist. Sobald dieses Ziel erreicht ist, entfällt die Notwendigkeit eines CDOs.[133] Auch Brooks, Smets und Stephen sind der Ansicht, dass ein erfolgreicher CDO oft einer ist, der sich selbst um den Job bringt, denn in dieser Position bedeutet endgültiger Erfolg, die Rolle gegenstandslos zu machen.[134]

3.3 Kompetenzen und Anforderungen

Da das Aufgabenfeld eines CDOs breit gefächert ist, gibt es umfängliche Anforderungen an das Kompetenzprofil und die Fähigkeiten in dieser Position. Technisches Verständnis, ebenso wie Projektmanagementkompetenz, betriebswirtschaftliche Kenntnisse, und *Führungsskills* für den *Change* sind wichtige Kompetenzen.[135] Der CDO sollte die Fähigkeiten und Eigenschaften einer kundenzentrierten Denkweise und sehr gute Kompetenzen im Bereich der Technologie mitbringen. Berufs- und Managementerfahrungen, sowie Wissen und Praxis im *Change*-Management sind ebenfalls wichtige Anforderungen, so Walchshofer und Riedl (2017).[136] Die fünf Fähigkeiten und Kompetenzen, die Unternehmen nach Singh und Hess (2017) in einem CDO suchen sollten sind IT-Kompetenz, *Change*-Management-Fähigkeiten, Inspirationsfähigkeiten, digitale Pionierleistungen und Resilienz.[137]

In der Studie von der Hochschule für Technik und Wirtschaft (HTW) Berlin aus dem Jahr 2017 wurde auch festgestellt, dass der CDO besonders gut verstehen muss, was der Kunde benötigt, um ihm neue Produkte und Services anbieten zu können. Dabei sei es egal, ob dafür ein bestehendes Geschäftsmodell verbessert

---

[132] (Friedrich, Péladeau, & Mueller, 2015, S. 21)
[133] (Deloitte, 2018, S. 8)
[134] (Brooks, Smets, & Stephen, 2018, S. 7)
[135] (Heinrich, Gärtner, Lopper, & Bolesta, 2018, S. 7)
[136] (Walchshofer & Riedl, 2017)
[137] (Singh & Hess, 2017, S. 12)

oder ein ganz neues geschaffen werden muss. Zu den zentralen Basisqualifikationen für diese Position zählen visionäre, kreative Qualitäten, strategische Kompetenzen, Prozess-, Technologie- und Projektmanagement-*Know-how*. Außerdem ist ein IT-Grundverständnis für die CDOs, die in Ihrer Rolle eher auf *Change-Management* oder Marketing spezialisiert sind und tiefergehende IT-Kenntnisse für CDOs, die digitale Services und Produkte anvisieren und Trends erkennen sollen, essentiell. Das Verständnis für die IT-Architektur sowie *Soft Skills* wie Wissensneugier, Empathie, Beharrlichkeit in der Durchsetzung von Themen sind ebenfalls wichtige Qualifikationen. Weiterhin wichtig sind Fähigkeiten wie Belastbarkeit, Kommunikationsstärke, Überzeugungskraft und Begeisterungsfähigkeit.[138] Es ist absolut notwendig, dass die Position des CDOs mit jemandem besetzt wird, der sich in der digitalen Welt völlig wohl fühlt. Neue digitale Produkte und Dienstleistungen basieren auf der IT, weshalb CDOs ein Verständnis für IT-Anwendungen und die zugrunde liegenden Infrastrukturen sowie Kenntnisse darüber benötigen, wie sie aktualisiert und modifiziert werden können. Darüber hinaus arbeiten die meisten CDOs eng mit CIOs zusammen, die für die Implementierung von Infrastrukturen und die Entwicklung von Plattformen und IT-Systemen verantwortlich sind. CDOs benötigen daher ein gewisses Maß an IT-Kompetenz, um IT-Anforderungen zu formulieren und neue digitale Produkte und Dienstleistungen in Zusammenarbeit mit CIOs iterativ zu entwickeln. Wenn CDOs keine IT-Expertise haben, werden sie nicht in der Lage sein, die IT-Anforderungen für neue digitale Produkt- und Dienstleistungsideen zu definieren und zu kommunizieren.[139] Laut Giebe (2019) müssen CDOs neben dem technologischen Wissen auch das Verständnis für die Kunden haben.[140] Dementsprechend müssen sie sich, bevor sie sich der Technologie widmen, zuallererst auf die Menschen konzentrieren.[141] In diesem Zusammenhang ist es wichtig, dass der CDO ein kundenzentriertes Verständnis für betriebswirtschaftliche und kaufmännische Aspekte, wie beispielsweise Prozesse, Geschäftsmodelle und Kundenbedürfnisse, hat.[142]

---

[138] (Vaske, 2017)
[139] (Singh & Hess, 2017, S. 12)
[140] (Giebe, 2019, S. 12)
[141] (Brooks, Smets, & Stephen, 2018, S. 10)
[142] (Walchshofer & Riedl, 2017)

Laut Horlacher und Hess (2016) ist jedoch nicht das IT-Knowhow die wichtigste Eigenschaft eines CDOs, sondern vor allem ausgeprägte Fähigkeiten in der Strategieentwicklung, im Change-Management und in der Kommunikation. Dies ist darauf zurückzuführen, dass CDOs meist mit einem IT-Manager zusammenarbeiten, der die technischen Aspekte übernimmt, sodass sich der CDO auf andere Aufgaben fokussieren kann, wie die strategischen und kommunikativen Aspekte des Transformationsprozesses, denn diese fallen ausschließlich in die Zuständigkeit der CDOs.[143] Auch nach Boeselager (2018) muss der CDO *Change* Management beherrschen und die Fähigkeit besitzen, interdisziplinär zu Arbeiten. Des Weiteren sollten Verhandlungsgeschick und Kommunikationsfähigkeit und -sicherheit zu den wichtigsten Stärken zählen.[144] „Als guter Kommunikator sollte der CDO fähig sein, die strategische Vision sowie Ziele gegenüber Mitarbeitern und Kollegen zu artikulieren".[145] Um in dieser Rolle erfolgreich zu sein, müssen CDOs über die Grenzen des Unternehmens und die Grenzen der Branche hinausblicken. Auch Brooks, Smets und Stephen (2018) erläutern, dass der Fokus der Position nicht auf der Technologie, sondern auf dem *Change Leadership* liegt. Bei der Rolle des CDOs geht es um die Auswirkungen auf das Geschäft und nicht um die Technologie. Technologie ist ein *Enabler* und muss Teil davon sein, aber es geht vor allem um Menschen, Prozesse, Veränderungen und Kultur. Während die Technologie der Grund für die Schaffung der CDO-Rolle war, ist sie paradoxerweise die am wenigsten wichtige Fähigkeit, die erforderlich ist, um im Job erfolgreich zu sein.[146]

In der strategy & Studie von PwC (2015) hat sich herausgestellt, dass die CDOs aus den von ihnen untersuchten Unternehmen aus den verschiedensten Bereichen wie Marketing, Vertrieb, Technologie, Consulting und Wissenschaft kommen.[147] In der aktuellsten Studie aus diesem Jahr sind die Daten in einem Jahresvergleich aufgeführt. Hierbei werden die Jahre 2014, 2016 und 2018 betrachtet.

---

[143] (Horlacher & Hess, 2016, S. 5133)
[144] (Boeselager, 2018, S. 23)
[145] (Walchshofer & Riedl, 2017)
[146] (Brooks, Smets, & Stephen, 2018, S. 15)
[147] (Friedrich, Péladeau, & Mueller, 2015, S. 17)

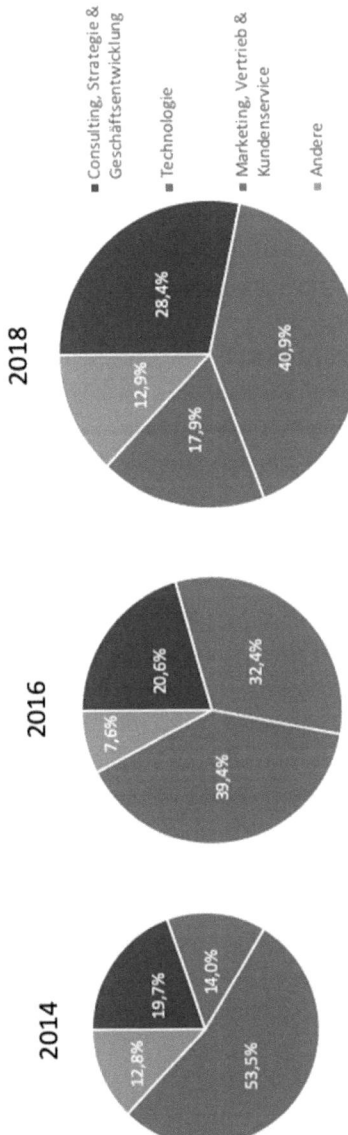

Abbildung 6: Berufliche Herkunft und vorherige Erfahrungen von CDOs
Quelle: eigene Darstellung in Anlehnung an (Strategy& (PwC), 2019, S. 13)

Die *Abbildung 6* zeigt die Verteilung der Hintergründe und Vorerfahrungen der befragten CDOs in der betrachteten Studie. Im Jahr 2014 überwogen noch CDOs, die aus den Bereichen Marketing, Vertrieb und Kundenservice kamen – mit über 55,3 % sind dies über die Hälfte. Der zweitgrößte Bereich war Consulting, Strategie und Geschäftsentwicklung mit 19,7 % gefolgt von Technologie (14 %). Innerhalb der nächsten zwei Jahre hat sich der Hintergrund und die Vorerfahrung der CDOs stark verändert. Die Zahl der CDOs aus dem Bereich Marketing, Vertrieb und Kundenservice ist um 14 % gesunken. Bemerkenswert ist der Anstieg an CDOs mit einem technologischen Hintergrund – der Anteil hat sich mehr als verdoppelt und lag 2016 bei 32,4 %. Im Jahr 2018 ist erneut eine Verschiebung der beruflichen Herkunft und vorherigen Erfahrungen zu erkennen. Den größten Teil nehmen aktuell CDOs ein, die aus dem Technologiebereich kommen. Der zweitgrößte Bereich ist nun nicht mehr Marketing, Vertrieb und Kundenservice, der auf 17,9 % geschrumpft ist, sondern Consulting, Strategie und Geschäftsentwicklung mit 28,4 %.[148] Daraus lässt sich schlussfolgern, dass neue Technologien im Aufgabenbereich des CDOs immer wichtiger werden und auch Tätigkeiten im beratenden und strategischen Bereich an Bedeutung gewonnen haben.

Die akademische Laufbahn eines CDOs ‚verlangt' typischerweise einen Schwerpunkt in Betriebswirtschaft (Schwerpunkt Marketing), Wirtschaftsinformatik, *Product Engineering* oder allgemein Ingenieurswesen. Aus den Idealbildern des CDOs, wie dem Strategieentwickler, *Change Manager, Storyteller, Integrator,* Umsetzer, Netzwerker, Impulsgeber und *Allrounder* lässt sich schlussfolgern, dass gewisse CDO-*Soft Skills* wesentlich wichtiger sind, als die reine akademische Ausbildung. Denn diese setzen sich primär aus einer Mischung aus bisherigen Erfahrungen und Kompetenzen zusammen. Der CDO benötigt *Know-how* in der Durchführung vom Projekt- und Prozess-Management verbunden mit einer strategischen Grundausrichtung.[149] „Er sollte eine klare visionäre Vorstellung für die technologische Zukunft haben und die Fähigkeit besitzen, wirtschaftliche Erwägungen mit technologischen Möglichkeiten zusammenzudenken, und dabei die Kundenorientierung beizubehalten".[150]

---

[148] (Strategy& (PwC), 2019, S. 13)
[149] (Boeselager, 2018, S. 23)
[150] (Boeselager, 2018, S. 23)

Die Menge an marketingorientierten CDOs deutet darauf hin, dass Unternehmen bei der Besetzung der CDO-Position nach wie vor eine im Wesentlichen kundenorientierte Ausrichtung verfolgen. Ein Grund, warum sich die meisten Aktivitäten in der digitalen Strategie und Transformation auf Vertrieb und Marketing konzentrieren, ist, dass diese Funktionen einen direkten, ziemlich kurzfristigen Einfluss auf das Geschäft haben. Die Umsetzung der digitalen Transformation in dem *Business-to-Consumer* (B2C) Bereich im Unternehmen ist ein durchaus vernünftiger Weg, um mit der Digitalisierung im Betrieb zu beginnen, jedoch ist das noch nicht ausreichend, denn damit werden Unternehmen nicht zu vollumfänglich digitalen Organisationen. Der Fokus muss auf dem gesamten Unternehmen liegen, nicht nur auf einzelnen Bereichen und die Führungskraft, die den Wandel leitet, muss im Stande sein, jeden Aspekt zu koordinieren.[151] Denn die digitale Transformation reicht in alle Bereiche der Organisation hinein.[152] Dementsprechend spielt es laut Friedrich, Péladeau und Mueller (2015) keine Rolle, ob der CDO aus dem Marketing oder der IT stammt, solange er die Fähigkeit besitzt, den funktionsübergreifenden Ansatz zu verfolgen, der notwendig ist, um den digitalen Wandel zu leiten.[153] Nach Brooks, Smets und Stephen (2018) sind CDOs keine Technologen, denn um eine vollständige digitale Transformation zu erreichen, muss ein CDO viel mehr sein, als eine technologieorientierte Führungskraft und stattdessen eine breitere Perspektive einnehmen.[154]

CDOs müssen erfahrene *Multitasker* sein und dabei strategisch vorgehen, unabhängig von dem, was sie tun und mit wem sie zusammenarbeiten.[155] Zusätzlich ist internationale Erfahrung sowie digitale Expertise in den Bereichen *Online-Marketing*, *Social Media* und *E-Commerce* von Vorteil.[156] Zudem müssen sie zwei ganz unterschiedliche Perspektiven auf die Organisation einnehmen: CDOs sollten sowohl als *Insider* als auch als *Outsider* agieren können. Transformatorischer Wandel kann nur wirklich erreicht werden, wenn man als *Insider* mit der Organisation zusammenarbeitet, und doch müssen CDOs auch ihre externe Perspektive beibehalten, um sowohl die Bereiche zu erkennen, die Veränderungen erfordern,

---

[151] (Friedrich, Péladeau, & Mueller, 2015, S. 18)
[152] (Brooks, Smets, & Stephen, 2018, S. 7)
[153] (Friedrich, Péladeau, & Mueller, 2015, S. 18)
[154] (Brooks, Smets, & Stephen, 2018, S. 7)
[155] (Brooks, Smets, & Stephen, 2018, S. 10)
[156] (Walchshofer & Riedl, 2017)

als auch entsprechende technologische Lösungen zu identifizieren.[157] Angesichts der Vielfalt an Aufgaben in dieser Rolle und der oft unterschiedlichen digitalen Reife von Unternehmen ist es nicht verwunderlich, dass eine entscheidende Voraussetzung für diese Position Flexibilität ist, denn für einen CDO ist es wichtig, sich schnell an die jeweilige Situation anzupassen.[158] CDOs, die sich an schnell ändernde Umstände anpassen und gleichzeitig eng mit den Geschäftszielen ihres Unternehmens verbunden bleiben können, sind in der Lage eine vollständigen digitale Transformation zu leiten.[159] Von den CDOs wird gewissermaßen erwartet, dass sie die Zukunft kennen. Ihre Aufgabe ist es also, ihre Vision anzupassen, denn die Welt verändert sich jeden Tag und es ist sehr komplex, die Entwicklung des Unternehmens und der Zukunft zu prognostizieren.[160]

3.4 Verankerung in der Aufbauorganisation

Als *agent of change* liegt es in der Verantwortung des CDOs, sicherzustellen, dass im gesamten Unternehmen völlige Klarheit und Konsistenz darüber herrscht, wie sich das Unternehmen im digitalen Zeitalter verwandelt. Die Rolle und Positionierung des CDOs müssen, der Tragweite seiner Aufgaben angemessen, in der Organisation verankert werden.[161] Als Teil der Geschäftsbereichsleitung und angesichts der strategischen Bedeutung der Position sollte laut Dumeresque (2014) der CDO direkt an den CEO berichten.[162] Die Unterstützung des Topmanagements ist eine wichtige Bedingung für die Entwicklung und die nachhaltige Umsetzung einer digitalen Transformation im Unternehmen. Dies funktioniert nur, sofern bei den Managern ein tiefes Verständnis für die Potenziale der digitalen Transformation entsteht, welche die bloßen technologischen Möglichkeiten deutlich übersteigt.[163] Eine enge Zusammenarbeit des CDOs mit allen Funktionen des Unternehmens ist von großer Bedeutung, um sicherzustellen, dass ihre Strategien und Entscheidungen vollständig in der allgemeinen Geschäftsstrategie und den Zielen

---

[157] (Brooks, Smets, & Stephen, 2018, S. 15)
[158] (Friedrich, Péladeau, & Mueller, 2015, S. 6)
[159] (Friedrich, Péladeau, & Mueller, 2015, S. 4)
[160] (Brooks, Smets, & Stephen, 2018, S. 15)
[161] (Lund, 2017, S. 18)
[162] (Dumeresque, 2014, S. 3)
[163] (Berghaus & Back, 2016, S.29)

ihres Unternehmens verankert sind.[164] Der CDO ist als funktionale Führungskraft dem Topmanagement-Team zuzuordnen. Er steht im Austausch mit weiteren Topmanagement-Teammitgliedern und besitzt ebenfalls wie diese bestimmte Charakteristika, welche Einfluss auf die strategischen Entscheidungen des gesamten Topmanagement-Teams nehmen.[165] Die Zugehörigkeit zum Top-Management gibt ihnen die kritische Perspektive, doch sie müssen auch die Befugnis und Unterstützung erhalten, die sie brauchen. Andernfalls haben sie lediglich einen ‚Platz am Tisch' ohne den strategischen und operativen *Input*.[166] „Nicht nur CEO und CIO, sondern die gesamte Geschäftsleitung eines Unternehmens müssen vereint hinter dem CDO und seinen Zielen stehen. Dies setzt auf der Leitungsebene bereits ein erhebliches Maß an Geschlossenheit und einen gleichgerichteten Blick auf die strategischen Ziele und Prioritäten voraus".[167] Somit werden CDO-Positionen häufig mit einem direkten Berichtsverhältnis zum CEO geschaffen.[168]Laut Brooks, Smets und Stephens (2018) berichten über die Hälfte der CDOs direkt an die CEOs ihrer Organisationen. Normalerweise signalisiert diese direkte Berichtslinie Status und Verantwortlichkeit, doch das ist, bezogen auf die Position des CDOs, nicht ganz so einfach. Für viele ist der CEO nicht nur die Spitze ihrer Berichterstattung, sondern auch aktiv an ihrem Erfolg oder Misserfolg beteiligt, denn dieser hängt weitgehend davon ab, ob der CEO bei der Digitalisierung mit ‚an Bord' ist. Dementsprechend kann die Frage, ob der CEO ihr ‚Freund' oder ‚Feind' ist, einen größeren Einfluss auf CDOs haben als auf andere *C-Suite*-Mitglieder. Die Harmonie der beiden ist daher sehr wichtig.[169] „Im Zielbild ist der CDO mit seiner Querschnittsfunktion Partner des CIO, des Leiters des Business Development sowie der Leiter des Kerngeschäfts (Produkte, Vertriebe, Regionen etc.)".[170] Das Streben nach Zusammenhalt ist ein Grund, weshalb viele CDOs Mitglieder der *C-Suiten* ihrer Unternehmen sind. Laut der strategy& Studie (2015) sind es über 40 %, die in der *C-Suite* positioniert sind, obwohl einige Unternehmen es immer noch vorziehen, CDOs für einzelne Funktionen oder Geschäftsein-

---

[164] (Friedrich, Péladeau, & Mueller, 2015, S. 18)
[165] (Zisler, Mohr, Strahl, & Dowling, 2016, S. 76 f.)
[166] (Friedrich, Péladeau, & Mueller, 2015, S. 18)
[167] (Lund, 2017, S. 18)
[168] (Haffke, Kalgovas, & Benlian, 2016, S. 5)
[169] (Brooks, Smets, & Stephen, 2018, S. 13)
[170] (Lund, 2017, S. 18)

heiten einzusetzen. Dies gilt insbesondere für verbraucherorientierte Unternehmen, die frühzeitig erfahren haben, wie wichtig die Digitalisierung für ihre Wettbewerbsfähigkeit geworden ist, indem sie ihren Kunden die bestmögliche Erfahrung in all ihren Interaktionen mit dem Unternehmen bieten. Dabei sind 16 % auf *Director* Level, 15 % auf *Vice President* Level und die restlichen 27 % auf anderen Ebenen positioniert.[171] In der aktuellsten Studie von Strategy& von PwC (2019) sind ebenfalls die Zahlen im Hinblick auf die Verankerung des CDOs auf den verschiedenen Organisationsstrukturebenen aus den Jahren 2014, 2016 und 2018 aufgeführt und hier in der *Abbildung 7* veranschaulicht.

---

[171] (Friedrich, Péladeau, & Mueller, 2015, S. 18)

Der Chief Digital Officer

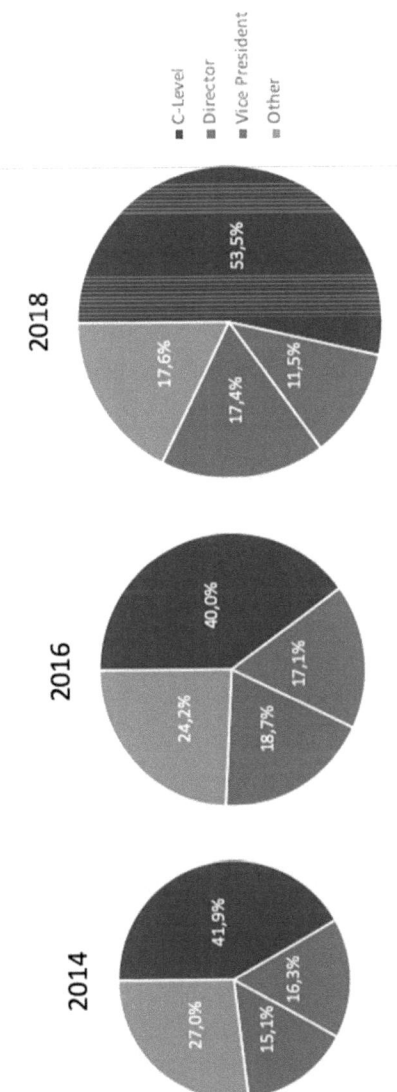

Abbildung 7: CDOs in verschiedenen Organisationsstrukturebenen in den Jahren 2014, 2016 und 2018
Quelle: eigene Darstellung in Anlehnung an (Strategy& (PwC), 2019, S. 12)

So ist zu erkennen, dass in den ersten zwei Jahren kaum eine Veränderung aufgetreten ist. Die Verteilung unterscheidet sich lediglich minimal zum Jahr 2014. Allerdings ist im Jahr 2018 eine größere Verschiebung zu erkennen. Hier sind bereits über die Hälfte (53,5 %) der CDOs in der C-*Suite* und weniger (11, 5 %) auf *Director* Ebene angesiedelt.[172] In dem durchgeführten Interview von Walchshofer und Riedl (2017) gaben die befragten Personen an, hierarchisch dem CEO unmittelbar untergeordnet zu sein. Zudem wurde hervorgehoben, dass digitale Agenden im besten Fall auf Top-Management-Ebene oder direkt darunter verankert sein sollten, um die strategische Auswirkung auf oberster Ebene effektiv ausüben zu können.[173]

Denn es ist der Vorstand, der die Strategie des Unternehmens überwacht, und die digitale Strategie ist eine der wichtigsten Aufgaben des CEO. Dennoch treffen sich viele CDOs selten mit dem Vorstand. Laut der Studie von Egon Zehnder (2019) steht die Mehrheit (37 %) der CDOs vierteljährlich, 11 % monatlich und 19 % öfter als einmal im Monat im Austausch mit dem Vorstand. Ein Drittel der befragten CDOs geben an, dass sie nur jährlich oder gar nicht interagieren.[174] Dies wird in *Abbildung 8* veranschaulicht.

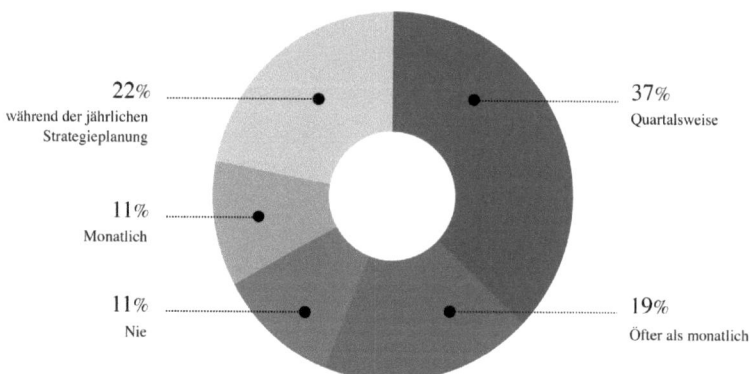

Abbildung 8: Häufigkeit der Interaktion mit dem Vorstand
Quelle: eigene Darstellung in Anlehnung an (Egon Zehnder International, Inc, 2019, S. 17)

---

[172] (Strategy& (PwC), 2019, S. 12)
[173] (Walchshofer & Riedl, 2017)
[174] (Egon Zehnder International, Inc, 2019, S. 17)

Die Positionierung des CDOs in der Organisationsstruktur hängt zudem von dem Reifegrad des Unternehmens im Prozess der digitalen Transformation ab. Ganz zu Beginn muss erst einmal das Bewusstsein für die erforderlichen Veränderungen wachsen. Anschließend ist es sinnvoll, die Rolle des CDOs auf C-Level Ebene einzuführen, damit die erforderliche Umsetzungsstärke zum Vorantreiben des digitalen Wandels ermöglicht wird und die gesamte Organisation schrittweise digital aufgestellt wird.[175] Daneben wird eine weitere Möglichkeit der anderweitigen Platzierung in der Unternehmensorganisation häufig diskutiert. Eine Alternative wäre, den CDO so in der Organisation zu verankern, dass er an den CIO oder an den CMO berichtet. Dies wird allerdings als wenig zielführend angesehen, da es in dieser Positionierung schwierig ist, zum einen die technologischen und zum anderen die kundenbezogenen Aspekte gleichermaßen zu berücksichtigen. Des Weiteren würden in diesem Fall sowohl die notwendige Akzeptanz als auch die erforderliche Umsatzstärke nicht gegeben sein. Demnach wäre es nicht empfehlenswert, den CDO in dem Bereich IT oder Marketing unterzuordnen. Der CDO sollte in seiner Rolle als visionäre Führungskraft auftreten und genauso im Unternehmen platziert werden, damit diese beiden Bereiche miteinander verbunden sind und eine Brücke zwischen der konventionellen und der digitalen Welt gespannt werden kann.[176] Eine weitere alternative Möglichkeit ist der Einsatz von mehreren CDOs im Unternehmen. Dies hat de facto auch Auswirkungen auf die Positionierung innerhalb der Organisationsstruktur. Dabei ist der regelmäßige Austausch und die Vernetzung der CDOs essentiell, denn daraus resultieren ebenfalls zusätzliche Schnittstellen nach innen und außen.[177]

3.5 Abgrenzung zu weiteren CxO Rollen

Um die Art der CDO-Position zu verstehen, ist es notwendig, die Rolle von benachbarten Führungspositionen auf C-Ebene, welche auf den ersten Blick ähnliche Verantwortlichkeiten haben könnten, zu unterscheiden – d. h. CIO, Chief Data Officer, Chief Innovation Officer und Chief Strategy Officer.[178] Der Trend geht in letzter Zeit dahin, entweder die Verantwortung für Technologie, Daten und Digital innerhalb bestehender C-Level- oder *Executive-Level*-Positionen zu übernehmen

---

[175] (Zisler, Mohr, Strahl, & Dowling, 2016, S. 81)
[176] (Zisler, Mohr, Strahl, & Dowling, 2016, S. 81)
[177] (Merx & Merx, CDO-Kompass, 2017, S. 9)
[178] (Singh & Hess, 2017, S.2)

oder separate Führungskräfte mit jeweils einer definierten Rolle zu haben. Die Rollen hängen von der Größe und Art des Unternehmens ab, wobei die größeren Unternehmen eher viele neue C-Level-Positionen haben, während die kleineren Unternehmen die Funktionen zwischen den drei traditionellen Positionen (CEO, Chief Operating Officer, Chief Financial Officer) teilen, die sie möglicherweise bereits innehaben.[179]

In der Vergangenheit konzentrierten sich die traditionellen CIOs und CTOs vor allem auf die IT ihres Unternehmens, die Verwaltung von Mitarbeiter-Desktops sowie unternehmensweite *Enterprise-Resource-Planning* und *Customer-Relationship-Management*-Systeme. Unabhängig davon, ob sich die Organisation im Prozess der digitalen Transformation befindet oder nicht, hat sich die Rolle des Leiters im Technologiebereich (CIO, CTO, etc.) verändert. ‚Technologie' muss nun in das Unternehmen integriert werden. Das Team ist nicht mehr nur eine Gruppe von Menschen, die für die Kabel und Server verantwortlich sind, sondern das Unternehmen und seine Prozesse verstehen und von diesem Ausgangspunkt aus Support leisten und Lösungen implementieren.[180] Als sich die Unternehmenstechnologie auf andere Bereiche des Unternehmens auszubreiten begann, entstanden weitere Positionen, wie z. B. die des CMOs, der oft eng mit dem CIO zusammenarbeitet, um neue Marketingtechnologien in sein Repertoire aufzunehmen.[181] „Die moderne Auffassung des CIO-Begriffs entfernt sich bereits vom CIO als Manager der IT-Systeme mit dem Ziel die IT-Kosten in Relation zum Umsatz zu minimieren und legt ein breiteres Rollenverständnis zugrunde, indem [...] [der] CIO als »Enabler des Geschäftes« betrachtet [wird]".[182]

Die wichtigste Differenzierung, die gemacht werden muss, ist die zwischen dem CDO und CIO, welche die höchsten IT-Führungskräfte in einem Unternehmen sind.[183] Im Unternehmen sind die IT-bezogenen Tätigkeiten bislang nahezu automatisch bei dem CIO aufgeschlagen, denn er ist der oberste IT-Manager innerhalb der Organisation. Der Betrieb sowie die Weiterentwicklung der IT-Infrastruktur und Systeme, die Einführung und Entwicklung neuer Applikationen, Fragen des

---

[179] (Harsh, 2016)
[180] (Garcia, 2017)
[181] (Friedrich, Péladeau, & Mueller, 2015, S. 14)
[182] (Zisler, Mohr, Strahl, & Dowling, 2016, S. 82)
[183] (Singh & Hess, 2017, S.2)

Outsourcings wie auch des *Insourcings* der IT, die Dienstleisterbeziehung und vermehrt auch das IT-Sicherheitsmanagement. Dies sind die traditionellen Tätigkeiten der IT-Organisation, welche von dem CIO geleitet werden. Diese Aufgaben haben im Laufe der letzten Jahre immer mehr an Bedeutung gewonnen.[184] Der CIO ist als ranghöchster IT-Verantwortlicher im Unternehmen für die Gestaltung der IT-Strategie, den Aufbau und die Instandhaltung der IT-Architektur sowie die Gewährleistung des problemlosen und störungsfreien Betriebs aller IT-Systeme zuständig. Des Weiteren ist er für die Beratung der Fachbereiche im Hinblick auf die Gestaltung effizienter Geschäftsprozesse zuständig. Positioniert ist der CIO in deutschen Unternehmen häufig auf der zweiten Führungsebene und berichtet somit unmittelbar an die Unternehmensleitung. Mit steigender Unternehmensgröße findet man den CIO in einigen Branchen, wie beispielsweise Versicherungen oder Banken, auf der Geschäftsführungs- bzw. Vorstandsebene.[185]

Die Aufgabenbereiche des CDOs und CIOs, sowie ihre Überschneidungen sind in der

Abbildung 9 dargestellt. Analogien in den Aufgaben überwiegen bei innovativen Ausführungen und Überlegungen in Form der Strategie- bzw. Visionsentwicklung, sowie das Erkennen von neuen Technologien, Trends und deren Potenzialen. Dabei hat der CDO ein etwas breiteres Aufgabenspektrum als der CIO, denn er soll neue Technologien und Trends nicht nur erkennen, sondern auch ausschlaggebende Innovationen und Neuerungen hervorbringen und disruptive Geschäftsmodelle realisieren.

---

[184] (Singh, Barthel & Hess, 2017, S. 39)
[185] (Ulrich & Lehmann, 2018, S. 67)

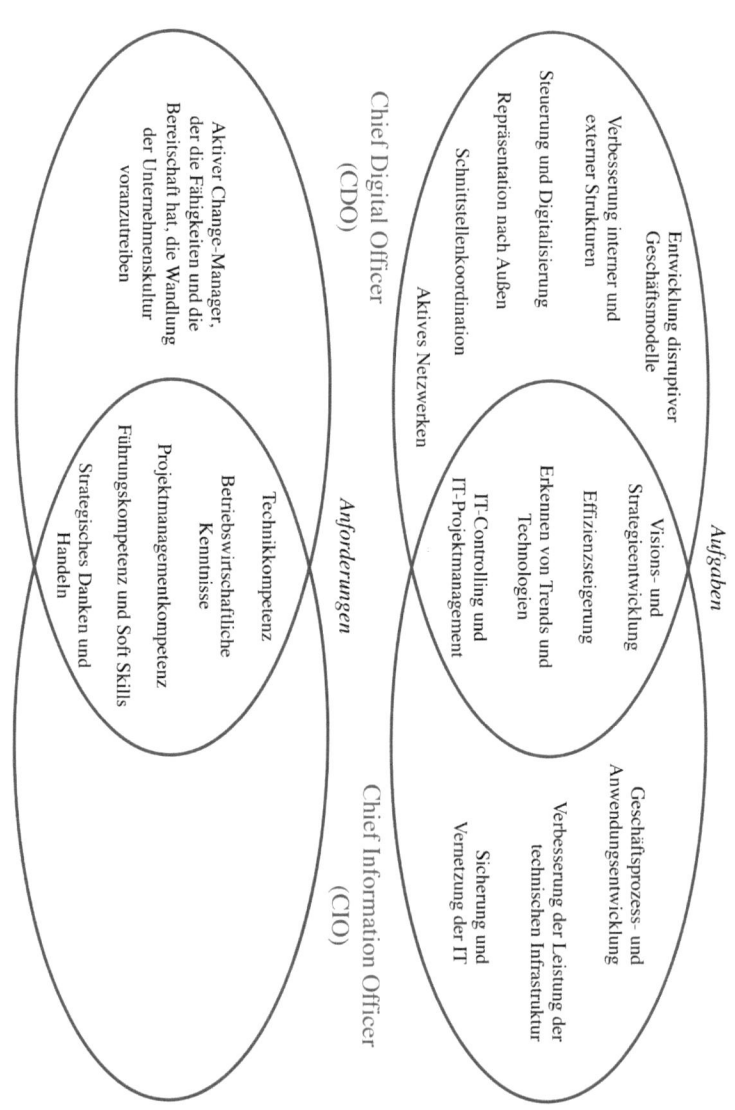

Abbildung 9: Unterschiede und Gemeinsamkeiten von CDO und CIO
Quelle: eigene Darstellung in Anlehnung an (Walchshofer & Riedl, 2017)

Bezogen auf die Effizienzsteigerung liegt der Tätigkeitsschwerpunkt des CIOs auf der Optimierung der Performance der technischen Informationsinfrastruktur (z.B. kürzere Systemantwortzeiten und weniger Systemausfälle) sowie der Aufwertung der Geschäftsprozesse durch die IT. Der Fokus des CDOs liegt hierbei wiederum auf abteilungsübergreifenden internen sowie externen Verbesserungen. Durch die Zentrierung auf den Kunden sollen nicht nur interne Abläufe und Strukturen optimiert werden, sondern ebenso externe, wie beispielsweise die Simplifizierung der *Customer Journey*.[186] Auch wenn der CIO eines Unternehmens digitalen Geschäftswert liefert, konzentriert sich der CDO zusätzlich auf die Förderung der funktionsübergreifenden Zusammenarbeit, die Mobilisierung des gesamten Unternehmens über Hierarchieebenen hinweg und die Förderung von *Corporate Action* zur digitalen Transformation des gesamten Unternehmens.[187] In Bezug auf die Mitarbeiterführung und -entwicklung stehen beim CIO die IT-Ableitung und deren Personal im Zentrum der Aufmerksamkeit. Im Gegensatz dazu ist der Aufgabenbereich des CDOs nicht auf einzelne Bereiche reduziert, sondern schließt alle Abteilungen im Unternehmen ein, denn die globale Verankerung von Digitalagenden im gesamten Unternehmen steht im Fokus. Dieser vorrangige Tätigkeitsbereich wird durch die Aufgabe der Schnittstellenkoordination repräsentiert, denn es liegt im Verantwortungsbereich des CDOs, für die Harmonisierung der internen und externen Schnittstellen zu sorgen. Gleichartige Aufgaben erfüllen der CDO und CIO im IT-Projektmanagement sowie im IT-Controlling. Die sonstigen Tätigkeiten des CIOs betreffen die Entwicklung und Gestaltung von Anwendungen und Geschäftsprozessen sowie die Vernetzung und Sicherung der IT. Im Unterschied dazu beinhalten die weiteren Aufgaben des CDOs kommunikative Aspekte, wie das aktive Netzwerken und die Repräsentation des Unternehmens nach außen und die strategischen Aspekte, wie die gesamtheitliche Steuerung der Digitalisierung und die Wandlung der Unternehmenskultur.[188]

Die Bandbreite der Aufgaben eines CDOs ist bezeichnend breiter also die eines CIOs – Themen wie die Weiterentwicklung der Unternehmenskultur gehören genauso dazu wie die Veränderung der Personalstruktur.[189] Die aktuellen Technologien, Infrastrukturen und IT-Systeme eines Unternehmens, seien es Hard- oder

---

[186] (Walchshofer & Riedl, 2017)
[187] (Singh & Hess, 2017, S. 2)
[188] (Walchshofer & Riedl, 2017)
[189] (Singh & Hess, 2017, S. 2)

Software, und alles, was mit der internen Technologie im Unternehmen zu tun hat, fällt in die Zuständigkeit des CIO, der auch dafür sorgt, dass das Unternehmen so aufgestellt ist, dass es sich an die neuesten technologischen Entwicklungen anpasst und diese nutzt. Der Fokus eines CIOs liegt in der Regel auch auf dem Endergebnis bzw. Gewinn.[190] CDOs haben dahingegen keine funktionale IT-Verantwortung und in den meisten Fällen keine Gewinn- und Verlustverantwortung.[191] Obwohl CIOs auch digitale Innovationen und somit strategischen Mehrwert für die Organisation liefern, befassen sich CDOs darüber hinaus explizit mit dem Ausbau und der Förderung der Zusammenarbeit über alle Bereiche hinweg und mobilisieren so im Zuge der digitalen Transformation das gesamte Unternehmen. Zusammenfassend kann festgehalten werden, dass der CIO die Funktion eines strategischen IT-Spezialisten einnimmt, wohingegen der CDO der Spezialist für digitale Transformation im gesamten Unternehmen ist. Dies ist auch ein bedeutendes Differenzierungsmerkmal zwischen den beiden Rollen: Die digitale Transformation ist der essentielle Schwerpunkt der Tätigkeit eines CDOs und nicht nur eine weitere Aufgabe neben anderen.[192]

In Bezug auf die Zusammenarbeit zeichnet sich die CDO-CIO-Kooperation durch eine klare Aufgabenverteilung aus. Der CDO entscheidet hauptsächlich über die spezifischen Initiativen und Innovationen, die verfolgt und kommuniziert werden, während der CIO diese IT-seitig durchführt. Als Voraussetzungen für eine reibungslose Zusammenarbeit muss eine klare Definition von Verantwortlichkeiten ohne Überschneidungen und die gegenseitige Anerkennung ihrer jeweiligen Rollen gegeben sein. Folglich muss der CEO über ein ausreichendes Verständnis der Verantwortungsbereiche verfügen, um Konflikte zwischen CDO und CIO zu vermeiden. Doch nicht nur ihre Verantwortlichkeiten, sondern auch ihre Rollen müssen klar definiert werden. Sowohl CDO als auch CIO sind Mitglieder des erweiterten Vorstands, jedoch nimmt der CDO eine besondere Rolle ein und fungiert als Innovator, Visionär und Berater für das Top-Management-Team. Die Position des CDOs ist die einzige Rolle, die ausschließlich der digitalen Transformation des Unternehmens gewidmet ist. Er hat sein eigenes Budget für digitale Innovationen, aber keine Gewinnverantwortung, was die Innovationsfähigkeit während der digi-

---

[190] (Harsh, 2016)
[191] (Singh & Hess, 2017, S. 2)
[192] (Singh, Barthel & Hess, 2017, S. 40)

talen Transformation beeinträchtigen könnte. Darüber hinaus genießt er einen hohen Grad an Freiheit bei seinem Handeln durch das Top-Management-Team.[193] Ohne eine Adaption der IT-Infrastruktur und IT-Systeme ist jede digitale Transformation aussichtslos. Dies gilt auch, sofern sich der digitale Wandel lediglich auf die technische Ebene begrenzt. Unternehmen sollten somit den Fokus auf eine intakte CDO-CIO Beziehung legen und diese aktiv unterstützen. Schließlich kann ein Mehrwert für die digitale Transformation im Unternehmen nur geschaffen werden, sofern ein Zusammenspiel aus dem strategischen digitalen Fachwissen des CDOs und dem IT-Expertenwissen des CIOs gegeben ist. Dennoch bergen die verschiedenartigen Expertengebiete und Hintergründe beider Rollen in Unternehmen Konfliktpotenzial, da es in kurzer Zeit zu divergenten Sichtweisen und somit zur Hemmung von Digitalisierungsprogrammen kommen könnte.[194]

In der *Tabelle 1* sind die genannten CxO-Positionen im Vergleich zur CDO Rolle aufgezeigt. Eine weitere relativ neue Rolle, von der sich der CDO differenziert, ist der Chief Data Officer. Dieser ist der dedizierte Spezialist für Daten im Unternehmen und leitet somit die Datenanalysen und das strategische Datenmanagement. Bei dieser Rolle spielen *Big-Data*-Technologien und darauf basierte Lösungen eine ganz spezielle Rolle, während die Rolle des CDOs in der Datenthematik breiter und somit nicht dediziert ausgelegt ist.[195]

---

[193] (Horlacher, 2016, S.6)
[194] (Singh, Barthel & Hess, 2017, S. 43)
[195] (Singh, Barthel & Hess, 2017, S. 40)

	Chief Digital Officer	Chief Data Officer	Chief Information Officer	Chief Innovation Officer	Chief Strategy Officer
Kernaufgaben	• Digitale Motivation des Gesamt-unternehmens • Initiierung konkreter digitaler Initiativen • Stärkung der unternehmensweiten Zusammenarbeit	• Strategischer Einsatz von IT • IT-Support	• Daten-management • Datenanalysen	• Strukturierte Unternehmens-innovation	• Management der Unternehmens-strategie
Spezialisten-Rollen	Digitaler Transformations-spezialist	Strategischer IT-Spezialist	Datenspezialist	Innovationsspezialist	Unternehmens-stratege

Tabelle 1: Vergleich von CxO-Positionen
Quelle: eigene Darstellung in Anlehnung an (Singh, Barthel & Hess, 2017, S.41)

Ein Chief Data Officer sammelt, untersucht und überprüft Daten und Informationen mit dem Ziel, die Unternehmen bezüglich der Strategie zur Geschäftsentwicklung zu beraten. Da das Internet allgegenwärtig ist und die Menschen praktisch auf alles online zugreifen, ist die Menge der Daten, die erzeugt wird, immens. Diese Daten zu erfassen, zu sammeln und dann zu verstehen, ist zu einer Aufgabe an sich geworden, die oft zeigt, was beispielsweise die Verbraucher denken oder wie sie sich verhalten, und den Unternehmen hilft, zu entscheiden, welche Maßnahmen sie ergreifen müssen, um wettbewerbsfähig zu bleiben und die Verbraucher im Auge zu behalten.[196] Auch sollen CDOs die verantwortlichen Personen für Innovationen im Unternehmen nicht ersetzen. Zuständig dafür ist der Chief Innovation Officer, der die Innovationsbereitschaft und allgemein die Innovationen im Unternehmen vorantreibt, doch das nicht nur im digitalen Kontext. Die digitale Transformation ist de facto eine wichtige strategische Aufgabe im Unternehmen.

In der Regel sind strategische Angelegenheiten und Sachverhalte das Themengebiet des Chief Strategy Officers. Allerdings mangelt es dem Chief Strategy Officer gewöhnlich an dediziertem digitalen Expertenwissen, was beispielsweise digitale Geschäftsmodelle und IT-kenntnisse anbelangt. Aus diesem Grund ist dieses Aufgabenfeld bei dem CDO angesiedelt.[197]

---

[196] (Harsh, 2016)
[197] (Singh, Barthel & Hess, 2017, S. 40)

4 Der CDO in der Praxis

Im nachfolgenden Kapitel wird zuerst die Entwicklung der Rolle des CDOs über die letzten fünf Jahre aufgezeigt. Dabei wird auf das Wachstum der Position, die Anzahl der Einstellungen und die Geschlechterverteilung eingegangen. Darauffolgend wird die Verteilung der CDO-Rolle näher erläutert, wobei nach Regionen, Branchen und Unternehmensgrößen differenziert wird. Hierbei wird vor allem die diesjährige Studie von Strategy& von PwC herangezogen, bei der die weltweit führenden 2.500 börsennotierten Unternehmen nach Marktkapitalisierung zum 31. März 2018 betrachtet wurden (*Anhang 1*). Abschließend werden CDO-Bespiele aus der Praxis vorgestellt, welche die erfolgreich durchgesetzten Veränderungen im Rahmen der Digitalen Transformation in ausgewählten Unternehmen durchgeführt haben.

4.1 Die CDO Position im Laufe der Zeit

Der weltweit erste CDO, Jason Hirschhorn, wurde bereits vor 14 Jahren, also im Jahr 2005 bei dem US-amerikanischen Musikfernsehsender MTV eingesetzt.[198] Im Vergleich dazu wurde der erste CDO in einem DAX/MDAX-Konzert, Dr. Christian Wegner, von der ProSiebenSat.1-Group erst im Jahr 2011 eingestellt. Heutzutage gibt es in etwa 83 % der Unternehmen in der DACH-Region noch immer keinen Chef-Digitalisierer.[199] Laut CDO-Kompass sind in der DACH-Region Mitte 2017 über 320 CDOs tätig. Mitte 2016 belief sich die Zahl auf 120 CDOs.[200] Nach Angaben des CDO Clubs sind weltweit über 2.500 CDOs im Einsatz.[201]

Obwohl die Position der CDOs in vielen Unternehmen weltweit etabliert ist, herrscht immer noch Unklarheit darüber, was CDOs tatsächlich tun und wie sie CIOs ergänzen können.[202] In den ersten Jahren ist die Anzahl an CDOs rasant angestiegen, doch das Wachstum hat sich in den letzten Jahren verlangsamt. Die Entwicklung über die Jahre ist in *Abbildung 10* dargestellt. Die Erkenntnis, dass 2014 unter den weltweit führenden 1.500 Unternehmen nur 6 % die Position des CDOs oder eine ähnliche Rolle geschaffen haben, war unerwartet. Es deutet da-

---

[198] (Boeselager, 2018, S. VII; Singh, Barthel & Hess, 2017, S. 39)
[199] (Boeselager, 2018, S. VII)
[200] (Merx & Merx, CDO-Kompass, 2017)
[201] (Heinrich, Gärtner, Lopper, & Bolesta, 2018, S. 6)
[202] (Brooks, Smets & Stephen, 2018, S. 6; Horlacher & Hess, 2016, S. 5134)

rauf hin, dass trotz der großen Aufmerksamkeit, die der Digitalisierung in der Presse und bei den Verbrauchern beigemessen wurde, ein großer Prozentsatz der Unternehmen noch nicht die Notwendigkeit gesehen hatte, einer einzigen Führungskraft die Befugnis zu geben, ihre digitalen Bemühungen im gesamten Unternehmen zu überwachen.

Stattdessen versuchten diese Unternehmen aller Voraussicht nach, ihre digitalen Transformationen auf Funktions-, Geschäftsbereichs- und geografischer Marktebene zu bewältigen.[203] Innerhalb der 2 Jahren hat sich die Zahl der CDOs allerdings mehr als verdreifacht (19 %) und die Unternehmen haben die Bedeutung der Rolle erkannt. Ab 2016 hat sich dieser Trend jedoch entschleunigt, denn die Anzahl an CDOs ist lediglich um 2 % angestiegen. Mittlerweile haben 21 % der befragten Unternehmen die Position des CDOs etabliert.[204]

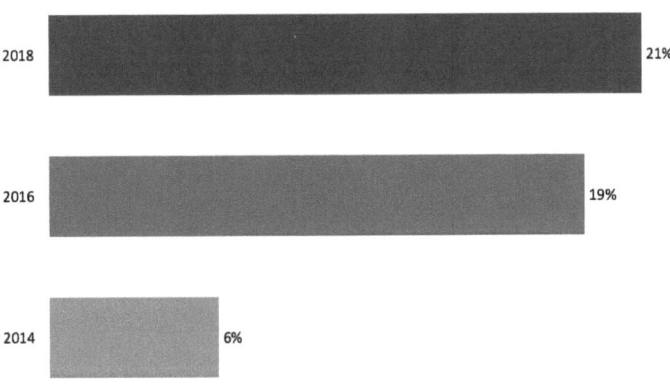

Abbildung 10: Das Wachstum der CDO Positionen in Unternehmen (in %)
Quelle: eigene Darstellung in Anlehnung an (Strategy& (PwC), 2019, S. 3)

---

[203] (Friedrich, Péladeau, & Mueller, 2015, S. 7)
[204] (Strategy& (PwC), 2019, S. 3)

Diese Entwicklung ist auch in der nächsten *Abbildung 11* zu sehen. 2016 hat die Einstellungsrate ihren Höhepunkt erreicht. In diesem Jahr wurden 160 CDOs in Organisationen eingestellt. Im darauffolgenden Jahr wurden bereits viel weniger CDOs als in den zwei vorherigen Jahren eingestellt – nämlich nur 124. Letztes Jahr betrug die Anzahl der Einstellungen lediglich 54 CDOs und es wird prognostiziert, dass in diesem Jahr nur 8 weitere eingestellt werden.[205]

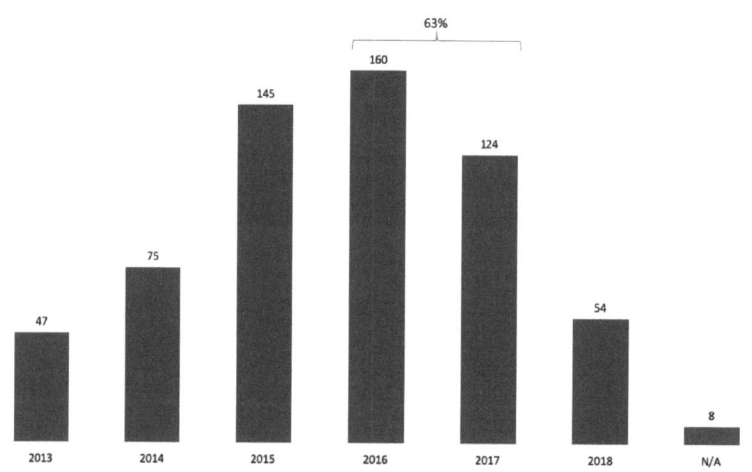

Abbildung 11: Anzahl an Einstellungen von CDOs im Verlauf der letzten Jahre
Quelle: eigene Darstellung in Anlehnung an (Strategy& (PwC), 2019, S. 10)

Im Hinblick auf die Geschlechterverteilung lässt sich anhand der Strategy& Studie von PwC (2019) feststellen, dass der prozentuale Anteil an Frauen in CDO-Positionen im Verlauf der letzten Jahre abgenommen hat. *Abbildung 12* zeigt die graphische Darstellung der Verteilung. Lag der Frauenanteil im Jahr 2014 noch bei 17 %, so ist er in den darauffolgenden zwei Jahren auf 16 % und schlussendlich im letzten Jahr auf 14,5 % gesunken.[206]

---

[205] (Strategy& (PwC), 2019, S. 10)
[206] (Strategy& (PwC), 2019, S. 16)

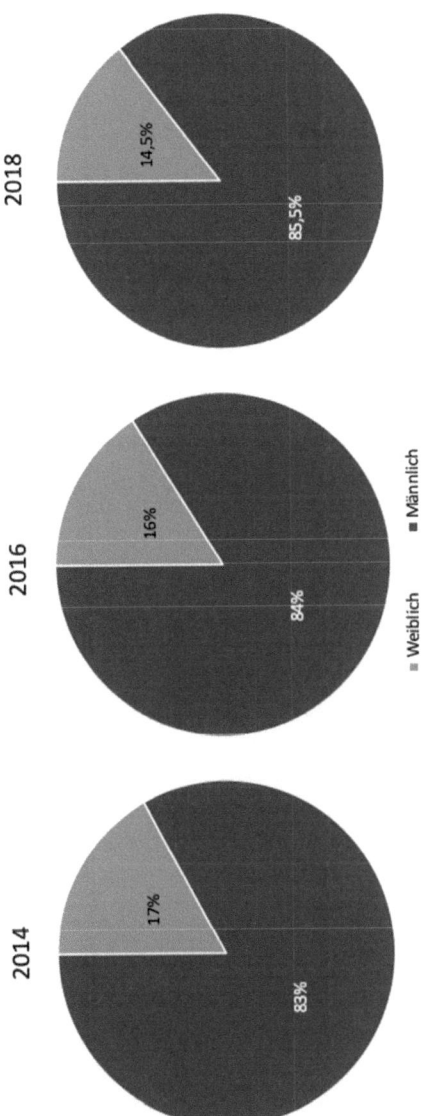

Abbildung 12: Geschlechterverteilung in der C-Level CDO-Position in den Jahren 2014, 2016, 2018
Quelle: eigene Darstellung in Anlehnung an (Strategy& (PwC), 2019, S. 16)

Der heutige CDO ist vor allem ein Pionier. Eine grafische Veranschaulichung des heutigen CDOs ist in *Abbildung 13* zu sehen. Ganze 84 % der Befragten aus der Umfrage von Egon Zehnder (2019) sind die ersten in ihrem Unternehmen, die diesen Titel tragen. Das bedeutet, dass sie in völlig neuen Rollen sind, Erfolgsmethoden etablieren und Rahmenbedingungen schaffen, von denen sie glauben, dass sie zu einer echten Transformation führen werden. Diese CDOs sind auch innerhalb ihrer Organisationen ziemlich mächtig, wobei fast zwei Drittel (63 %) der CDOs direkt an den CEO berichten. Nahezu die gleiche Anzahl (64 %) wurde von außerhalb des Unternehmens eingestellt – was darauf hindeutet, dass viele Unternehmen externes Fachwissen und Perspektiven einbringen müssen, weil sie nicht über die erforderlichen internen Fähigkeiten verfügen. Etwas mehr als die Hälfte von ihnen ist für ihre eigene Gewinn- und Verlustrechnung verantwortlich (55 %), was bedeutet, dass knapp die Hälfte es nicht ist. Und 65 % von ihnen sind relativ neu in der Rolle, da sie dieser Tätigkeit seit drei Jahren oder weniger nachgehen, was zeigt, wie frisch diese Position noch ist.[207]

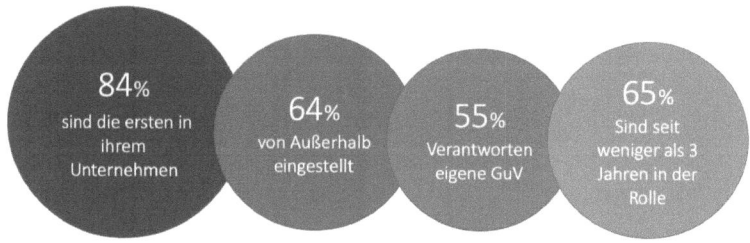

Abbildung 13: Der heutige CDO
Quelle: eigene Darstellung in Anlehnung an (Egon Zehnder International, Inc, 2019, S. 6)

Da die CDO-Rolle erst wenige Jahre alt ist, ist es noch nicht absehbar, ob Unternehmen mit CDOs auf dem Markt besser abschneiden als andere. Tatsächlich florieren einige Unternehmen, ohne dass ein einziger Manager ihre digitale Transformation auf höchstem Niveau überwacht, obwohl die meisten dieser Unternehmen auf ihren digitalen Reisen bereits weit fortgeschritten sind. Es ist anzunehmen, dass weniger fortgeschrittene Unternehmen deutlich davon profitieren würden, wenn sie einen Top-Manager einstellen würden, der eine einheitliche

---

[207] (Egon Zehnder International, Inc, 2019, S. 6)

digitale Strategie entwickelt und umsetzt.[208] Es stellt sich natürlich auch die Frage, unter welchen Voraussetzungen und für welche Zeitspanne der CDO im Unternehmen erforderlich ist.

Die digitale Transformation ist, anders als der Betrieb der IT-Infrastruktur und die Weiterentwicklung der IT-Systeme, eine Aufgabe, deren Relevanz meist stark variiert. Die Einrichtung der CDO-Position bietet sich besonders dann an, die Komplexität (beispielsweise durch eine enorme Dezentralisierung) ebenso wie der Innovationsdruck der Organisation bedeutend hoch sind.[209] Obwohl die Schaffung von CDO-Positionen eindeutig ein Trend ist, der in den letzten Jahren beobachtet wurde, benötigt nicht jedes Unternehmen einen CDO. Man könnte zu dem Schluss kommen, dass diese Unternehmen die Notwendigkeit möglicherweise noch nicht erkannt haben und in Zukunft eine CDO-Rolle einführen werden – Hinweise aus den gesammelten Daten der Studie von Haffke, Kalgovas und Benlian (2016) unterstützen dies jedoch nicht. Nach der Analyse der Interviewdaten und der zugehörigen Dokumente haben sie festgestellt, dass der Bedarf an einer CDO-Rolle im Wesentlichen von vier Faktoren abhängt. Diese sind der Digitalisierungsdruck, die Notwendigkeit der Leitung von Veränderungen im Unternehmen, das CIO Rollenprofil und Reputation sowie Digitalisierungsschwerpunkte. Wenn die kombinierte Kraft aus diesen vier Faktoren nicht stark genug ist, kann es sein, dass einem Unternehmen der Bedarf an einem CDO nicht bewusstwird.[210]

4.2 Verteilung der CDO Position

In diesem Unterkapitel wird die weltweite Verteilung der CDO-Position im Hinblick auf die Regionen, Länder und Städte, sowie die Branchen und die Unternehmensgrößen betrachtet.

---

[208] (Friedrich, Péladeau, & Mueller, 2015, S. 6)
[209] (Singh, Barthel, & Hess, Der CDO als Komplement zum CIO, 2017, S. 42)
[210] (Haffke, Kalgovas, & Benlian, 2016, S. 11)

4.2.1 Verteilung nach Regionen

Dem globalen Trend folgend, verlangsamte sich das CDO-Wachstum in allen Regionen innerhalb der letzten beiden Jahre.[211] Eine Übersicht der prozentualen Anzahl an Unternehmen mit einem CDO differenziert nach Regionen ist in *Abbildung 14* zu finden. Zu erkennen ist, dass es in allen Regionen einen rasanten Anstieg zwischen 2014 und 2016 gegeben hat. Das größte Wachstum fand in der Region EMEA statt, die Europa, den Mittleren Osten und Afrika miteinschließt – hier ist die Anzahl an CDOs von 8 % in 2014 auf 38 % in 2016 angestiegen. Überraschend ist hierbei, dass sich dieser Wert seitdem nicht verändert hat.

Genauso ist es in Nordamerika, wo der erste Sprung zwischen 2014 (6 %) und 2016 (23 %) vergleichsweise auch sehr groß war. Trotz dessen ist in den Regionen Asien-Pazifik, in Europa und in Süd- und Lateinamerika die Anzahl an CDOs zwischen 2016 und 2018 um weitere Prozentpunkte angestiegen.[212]

---

[211] (Strategy& (PwC), 2019, S. 4)
[212] (Strategy& (PwC), 2019, S. 4)

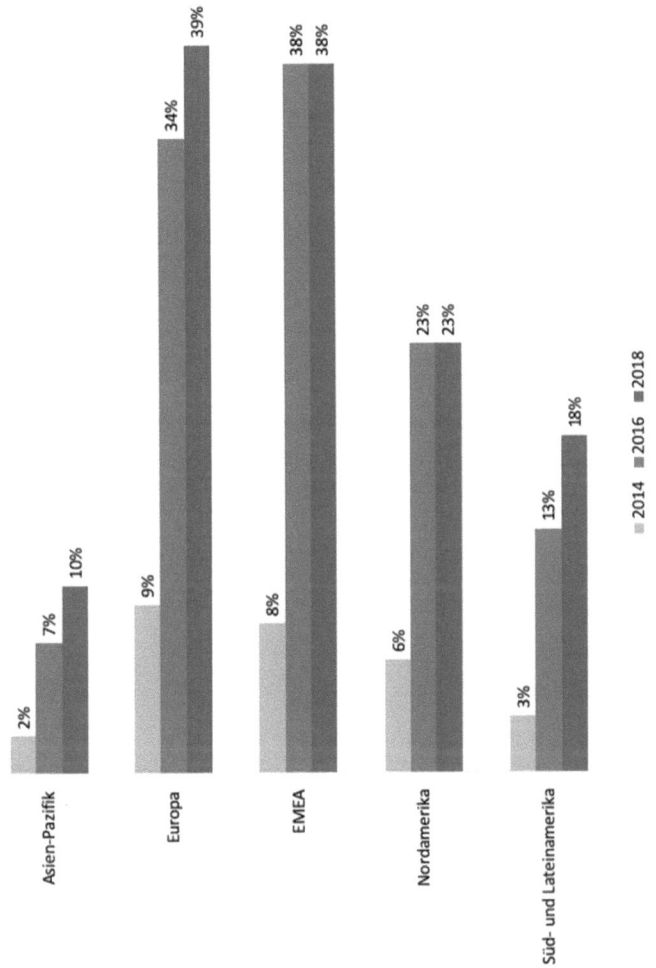

Abbildung 14: Unternehmen mit einem CDO nach Region
Quelle: eigene Darstellung in Anlehnung an (Strategy& (PwC), 2019, S. 4)

Friedrich, Péladeau und Mueller (2015) behaupten, dass es jedoch ein Fehler wäre, anzunehmen, dass die europäischen Unternehmen in dieser Hinsicht der Konkurrenz voraus sind. Vielmehr ist es eher eine Funktion der Tatsache, dass nordamerikanische Unternehmen, wie viele Elektronik- und Medienunternehmen, das Gefühl haben, dass sie die digitale Transformation bereits anderswo ‚abgedeckt' haben – mit zahlreichen hochrangigen Führungskräften, wie CMOs, die bereits vorhanden sind, um die digitale Agenda voranzutreiben. Tatsächlich kann es sehr wohl sein, dass viele der Unternehmen, die jetzt CDOs ernennen, in ihrer digitalen Entwicklung weniger ausgereift sind und es für wichtig halten, einen einzigen Manager zu haben, der eine vollumfängliche und schnellere Lösung für ihre digitalen Bedürfnisse bieten kann. Überdies sind die meisten der von der Studie betrachteten Unternehmen im Nahen Osten in unterschiedlichem Maße in der Öl- und Gasindustrie tätig, einem weitgehend *Business-to-Business* (B2B) Geschäft, in dem nur sehr wenige Unternehmen überhaupt die Notwendigkeit sahen, eine CDO zu ernennen.[213]

---

[213] (Friedrich, Péladeau, & Mueller, 2015, S. 12)

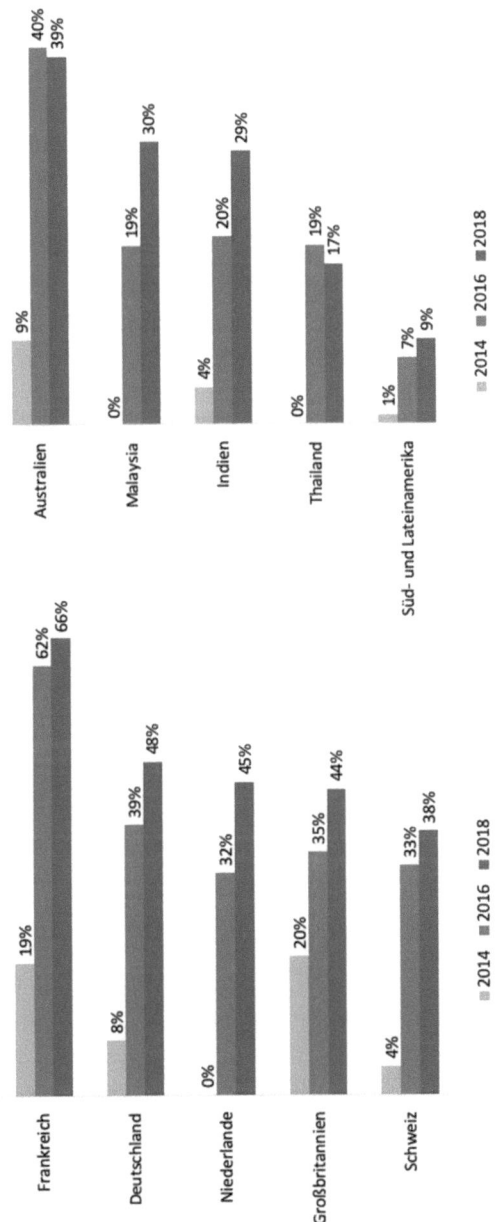

Abbildung 15: Die Top 5 Länder in Europa und der Asien-Pazifik Region (in %)
Quelle: eigene Darstellung in Anlehnung an (Strategy& (PwC), 2019, S. 5 f.)

Betrachtet man nun die Top 5 Länder in Europa und der Asien-Pazifik Region (*Abbildung 15*), lässt sich feststellen, dass alle in der Studie betrachteten europäischen Länder ein Wachstum bei CDO-Positionen verzeichnen. Vor allem Frankreich sticht mit dem höchsten Anstieg von 19 % im Jahr 2014 auf 62 % in 2016 und auf 66 % in 2018 hervor, zumal Großbritannien im Jahr 2014 ebenfalls ähnlich aufgestellt war (20 %), jedoch sind die Zahlen in den nächsten Jahren nicht so rasant angestiegen. Deutschland ist mit einem Anstieg von 8% auf 39 % und in 2018 auf 48 % auf Platz 2 im europäischen Raum. Zudem ist zu erkennen, dass vor allen in Deutschland, in den Niederlanden und in Großbritannien der Anstieg zwischen 2016 und 2018 vergleichsweise hoch ausgefallen ist. In der Asien-Pazifik Region wiederrum führt Australien die Tabelle an. Hier fand zwischen den Jahren 2014 (9 %) und 2016 (40 %) ein rasanter Anstieg statt. Allerdings konnte sich dieser hohe CDO-Anteil nicht halten und ist letztes Jahr auf 39 % gesunken. Ebenso in Thailand ist der Anteil an CDOs letztes Jahr von 19 % auf 17 % gesunken.[214]

Die Anzahl an CDOs in Deutschland, Österreich und der Schweiz ist, laut CDO Kompass, von Januar 2016 bis Anfang Januar 2017 um über 100% gestiegen. Davon eingeschlossen sind Personen, die offiziell einen CDO-Titel besitzen bzw. Unternehmen, die eine CDO-Planstelle in ihrer Organisation haben. Dabei wurde festgestellt, dass die meisten CDOs in *Blue-Chip* Unternehmen zu finden sind.

---

[214] (Strategy& (PwC), 2019, S. 5 f.)

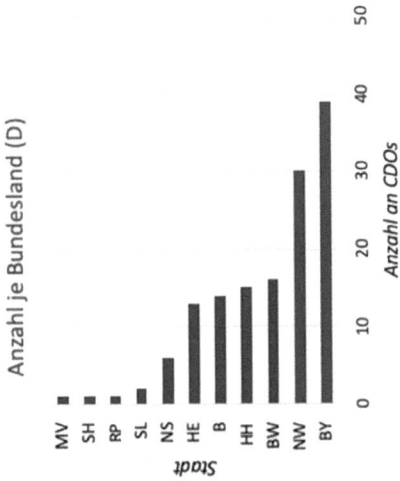
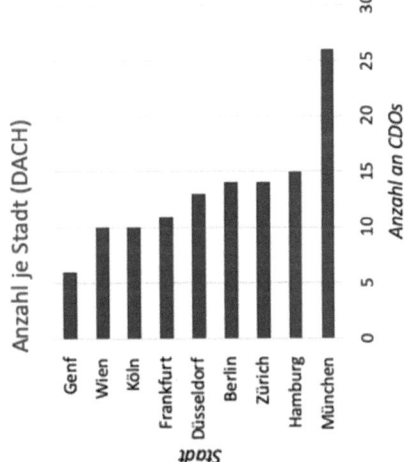

Abbildung 16: Anzahl der CDOs je Stadt (DACH) und Bundesland (D)
Quelle: eigene Darstellung in Anlehnung an (Merx & Merx, CDO-Kompass, 2017, S. 4)

Auch bei großen Mittelständlern und Agenturen ist die Position stark im Kommen. Betrachtet man nun die Städte in der DACH-Region so lässt sich schnell feststellen, dass die meisten CDOs in München tätig sind – hier sind es 26 an der Zahl. Auf Platz zwei folgt Hamburg mit 15 CDOs, dicht gefolgt von Zürich und Berlin (beide jeweils 14). Bei dem Blick auf die Verteilung je Bundesland in Deutschland ist es nicht überraschend, dass Bayern an der Spitze steht – hier findet man in Deutschland die meisten CDOs, nämlich 39.[215] Dies wird in *Abbildung 16* veranschaulicht.

4.2.2 Verteilung nach Branchen

Der Prozentsatz der Unternehmen mit CDOs variiert natürlich stark je nach Branche. Dies ist in *Abbildung 17* dargestellt. Im Jahr 2014 waren die verbraucherorientierten Branchen führend: 13 % der Kommunikations-, Medien- und Unterhaltungsunternehmen hatten CDOs, dicht gefolgt von dem Branchencluster Lebensmittel und Getränke und Landwirtschaft mit 11 %.[216]

---

[215] (Merx & Merx, CDO-Kompass, 2017, S. 4)
[216] (Friedrich, Péladeau, & Mueller, 2015, S. 8)

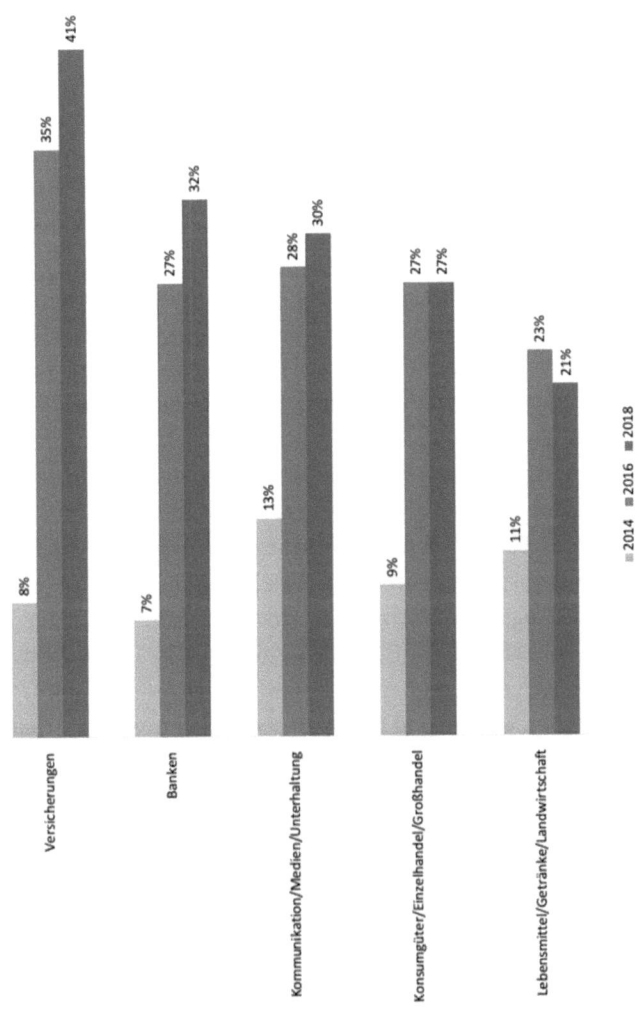

Abbildung 17: Anteil der Unternehmen mit einem CDO nach Branchen (in %)
Quelle: eigene Darstellung in Anlehnung an (Strategy& (PwC), 2019, S. 9)

Im Verlauf der letzten Jahre hat sich die Verteilung der CDOs innerhalb der Branchen stark verändert. Die Versicherungsbranche hat stark aufgeholt und gehört seit 2016 zu den Top-Branchen, in denen CDOs eingesetzt werden. Hier ist Anteil von 8 % in 2014 auf 35 % in 2016 und schließlich auf 41 % im letzten Jahr angestiegen. Auch der Bankensektor hat stark aufgeholt und ist mit zurzeit 31 % auf dem zweiten Platz. Die damals in 2014 noch führende Branche Kommunikation, Medien und Unterhaltung ist nun heutzutage auf Platz 3 gerutscht.[217]

Im Jahr 2014 hatten lediglich 3 % der Technologie- und Elektronikunternehmen CDOs im Einsatz. Dies mag angesichts der Entschlossenheit dieser Unternehmen, mit dem technologischen Fortschritt Schritt zu halten, zunächst unvereinbar erscheinen, sollte aber nicht bedeuten, dass das Engagement des Managements für digitale Transformationen gering ist. Eine mögliche Erklärung ist, dass die Funktionen und Verantwortlichkeiten, die oft unter den Aufgabenbereich einer CDO fallen, bereits auf verschiedene Bereiche innerhalb des C-Suite-Managements dieser Unternehmen verteilt sind und bereits tief in allen Aspekten der Unternehmenskultur verankert sind. Darüber hinaus beschäftigen sich viele dieser Unternehmen in erster Linie mit anderen Geschäftskunden und nicht mit Verbrauchern direkt, und B2B-Firmen hinken bei ihren Bemühungen um die Digitalisierung typischerweise hinterher. Inzwischen haben nur 1 % der Metall- und Bergbauunternehmen einen CDO, und 3 % der Unternehmen im Automobil- und Maschinen- und Anlagenbau Bereich. Offensichtlich haben B2B-Unternehmen weniger externe Motivation, die Digitalisierung schnell voranzutreiben als B2C-Unternehmen. Aber auch das wird sich sicherlich ändern, da neue Technologien wie das Internet der Dinge und unternehmensorientierte Anwendungen immer mehr Einzug in das Geschäft erhalten werden und dies wird beeinflussen, wie B2B-Unternehmen mit Partnern und Lieferanten zusammenarbeiten. Diese erheblichen Unterschiede zwischen den Branchen lassen sich zum Teil damit erklären, inwieweit eine bestimmte Branche die Auswirkungen der digitalen Revolution spürt. Während die einen bei der Digitalisierung bereits vorn mit dabei sind, spüren andere erst jetzt ihre Auswirkungen.[218] Bei den DAX-Unternehmen hat sich gezeigt, dass CDOs vorrangig in Industriekonzernen beschäftigt sind – bezogen auf die Branchen sind es 60 %. An zweiter Stelle stehen Chemieunternehmen mit 33 % gefolgt von Dienst-

---

[217] (Strategy& (PwC), 2019, S. 9)
[218] (Friedrich, Péladeau, & Mueller, 2015, S. 9)

leistern mit 30 %. Es wird auch deutlich, dass der Einsatz von Digitalisierungsverantwortliche in dem Finanzdienstleistungssektor sehr gering ausfällt.[219]

Abbildung 8 zeigt die Verteilung der externen und internen Einstellungen differenziert nach Branchen. Hier ist zu erkennen, dass vor allem in der Transport-, Reisen- und Tourismusbranche sowie dem Metall-, und Bergbau die Position des CDOs eher mit externen Kandidaten besetzt werden. In den meisten anderen Branchen ist es eher ausgewogener. Hier werden ca. die Hälfte extern der CDOs extern eingestellt. Die höchste Rate an CDOs, die internen im Unternehmen zu der Position befördert werden, findet man in der Transport-, Reise- und Tourismusbranche.[220]

---

[219] (Vaske, 2017)
[220] (Strategy& (PwC), 2019, S. 15)

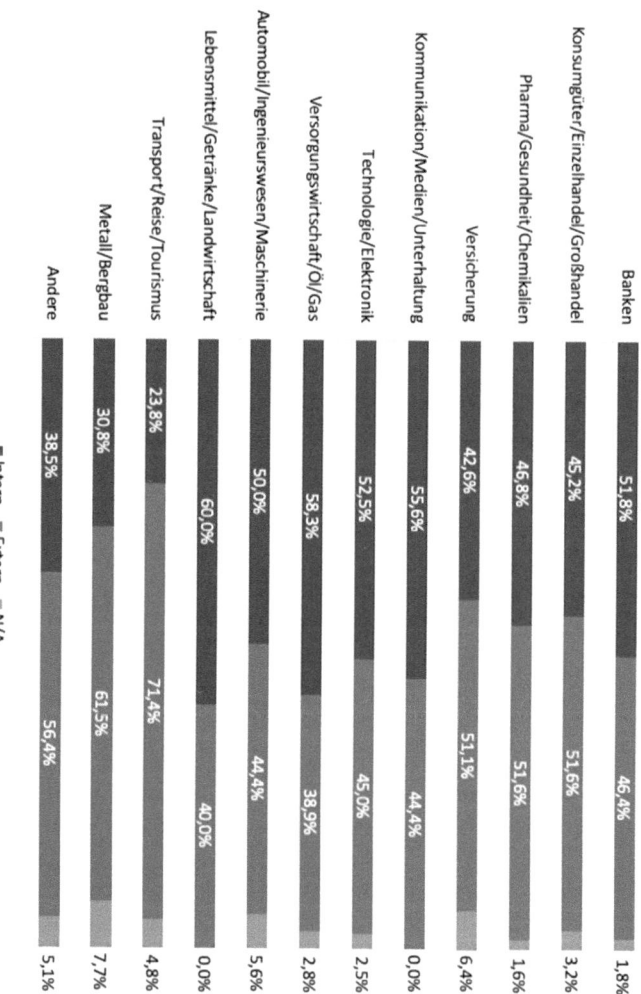

Abbildung 18: Externe vs. interne Einstellungen nach Industrien (in %)
Quelle: eigene Darstellung in Anlehnung an (Strategy& (PwC), 2019, S. 15)

4.2.3 Verteilung nach Unternehmensgrößen

Es sind in der Regel größere Unternehmen, die die CDO-Position im Unternehmen eingeführt haben, aber inzwischen stellen auch immer mehr kleine und mittlere Unternehmen (KMU) einen CDO ein. KMU gelten als Motor für Wirtschaftswachstum und Beschäftigung und gewinnen an Bedeutung. KMU unterscheiden sich jedoch von Großunternehmen dadurch, dass sie größere finanzielle Engpässe haben, oft über unzureichend qualifiziertes Personal verfügen und somit letztendlich mit relativ wenig Ressourcen ausgestattet sind als größere Unternehmen, während sie immer noch vor den gleichen Wettbewerbsherausforderungen wie diese stehen.[221] Darüber hinaus kosten große digitale Veränderungen und die der Sache zugeordneten Führungskräfte Geld und können die Möglichkeiten vieler kleinerer Unternehmen übersteigen, deren Managementteams sich typischerweise stärker auf Kernaufgaben wie Finanzen und den Betrieb konzentrieren, während ihre digitalen Innovationsanstrengungen oft auf Führungskräfte in verschiedenen Einheiten und Funktionen verteilt sind.[222] Im Zuge der Digitalisierung müssen mittelständische Unternehmen vor allem ihre Geschäftsprozesse optimieren und digitalisieren, denn auch Marktführer werden durch neue Wettbewerber permanent herausgefordert. Das bedeutet, dass Unternehmen einen langfristigen Veränderungsprozess einleiten müssen, um sich zu entwickeln und zu verbessern. KMU stellen einen CDO als Leiter der digitalen Transformation ein, da die Gesamtstrategie des Unternehmens von der Digitalisierung des Unternehmens abhängt. Bei Großunternehmen liegt die Herausforderung im Zusammenhang mit der Digitalisierung jedoch vor allem darin, dass neue teilweise reine *Online-Player* ständig mit viel höherer Geschwindigkeit und Endkundenorientierung in die Märkte eindringen. Um im rein digitalen Geschäft zu überleben, wollen Großunternehmen weltweite Strategien für kunden- und einheitliche Strukturen entwickeln. Zu diesem Zweck stellen Großunternehmen einen CDO ein, damit dieser die Vernetzung mit den Kunden optimieren und die Effizienz der Prozesse über den gesamten Produktlebenszyklus steigern kann.[223]

---

[221] (Becker, Schmid & Botzkowski, 2018, S. 4535)
[222] (Friedrich, Péladeau, & Mueller, 2015, S. 12)
[223] (Becker, Schmid & Botzkowski, 2018, S. 4537)

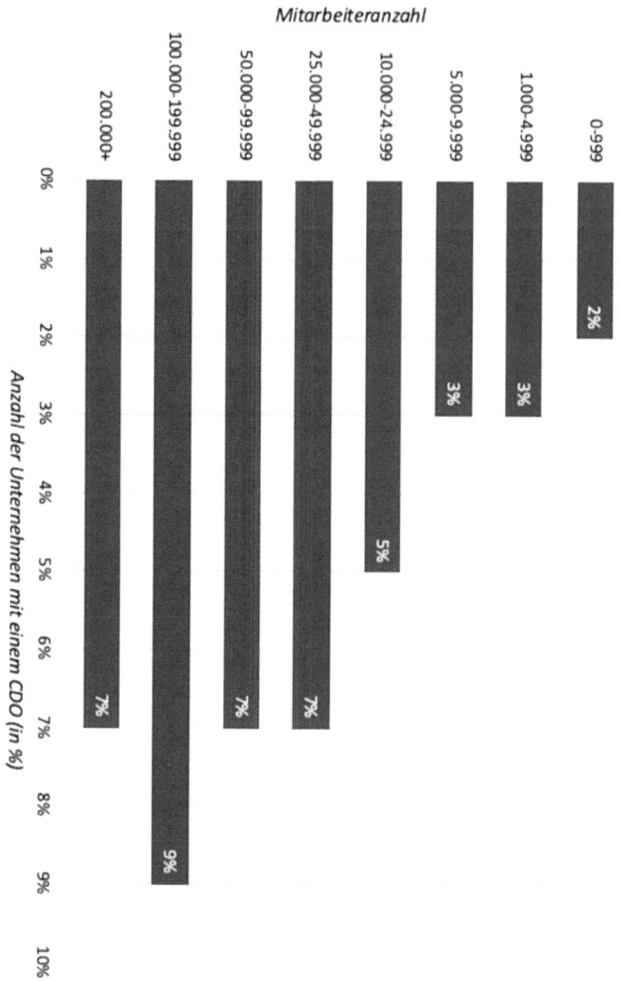

Abbildung 19: Anzahl der Unternehmen mit einem CDO nach Unternehmensgröße (in %)
Quelle: eigene Darstellung in Anlehnung an (Friedrich, Péladeau, & Mueller, 2015, S. 11)

Größere Unternehmen sind bei der Beauftragung von CDOs tendenziell der Konkurrenz voraus. Der Anteil der Unternehmen mit mehr als 10.000 Mitarbeitern, die CDOs eingesetzt haben, liegt zwischen 5 und 9 %, bei Unternehmen mit weniger Mitarbeitern zwischen 1 und 3 % (*Abbildung 20*). Die Digitalisierung verändert die Art und Weise, wie alle Unternehmen, große und kleine, ihre Geschäfte führen.

Aufgrund ihrer enormen Komplexität und der Vielzahl der beteiligten Mitarbeiter sehen sich größere Unternehmen jedoch mit einem viel schwierigeren digitalen Transformationsaufwand konfrontiert, weshalb es wahrscheinlich ist, dass ihre Bemühungen über alle Funktionen hinweggehen.[224]

Die Hochschule für Technik und Wirtschaft (HTW) Berlin hat mit der Unterstützung von der CeBIT eine Studie zum Thema CDO durchgeführt (*Anhang 2*). Dabei hat sich herausgestellt, dass in jedem fünften DAX-Unternehmen ein CDO zu finden ist und weitere 20 % immerhin eine gleichartige Rolle im Unternehmen geschaffen haben, die CDO-Funktionen übernimmt. Somit überschreiben etwa 40% der DAX-Unternehmen die Verantwortung für die digitale Transformation einem CDO bzw. Digitalchef. Obwohl der CDO oder eine ähnliche Position im Unternehmen nicht die alleinige Bewerkstelligung der digitalen Herausforderungen übernehmen können, bietet diese Position die Chance, zunehmend Aufmerksamkeit auf diesen Themenbereich zu richten und somit auch die digitalen Ressourcen im Unternehmen zu bündeln.[225] „DAX-Unternehmen, die diese Chance nutzen wollen und einen CDO eingesetzt haben, sind die Allianz, BASF, Daimler, E.ON, Merck und SAP. Eine Rolle, die der des CDO vergleichbar ist, gibt es zudem bei Bayer, BMW, der Deutschen Bank, ProSiebenSat1 Media, Thyssenkrupp und Volkswagen".[226] Dahingegen ist die Zahl der Unternehmen aus dem MDAX, welche einen CDO eingesetzt haben, verschwindend klein – bei nur 4 % ist dies zutreffend. Demzufolge haben lediglich zwei MDAX-Unternehmen einen Digitalchef und das sind Airbus und Schaeffler.[227] Wenn die Konzerngröße näher betrachtet wird, zeigt sich, dass vor allem die größten Unternehmen im DAX die CDO Position im Unternehmen eingeführt haben, denn Sechs von Sieben der größten DAX-Konzerne beschäftigen

---

[224] (Friedrich, Péladeau, & Mueller, 2015, S. 9)
[225] (Vaske, 2017)
[226] (Vaske, 2017)
[227] (Vaske, 2017)

einen Digitalchef. Immerhin neun von den 15 größten Konzernen haben die CDO-Rolle in dieser oder einer ähnlichen Form implementiert. Demgegenüber stehen lediglich vier Chef-Digitalisierer in den Unternehmen, die sich in der unteren Hälfte der DAX-Tabelle befinden.[228]

4.3 Beispiele aus der Unternehmenspraxis

Jedes Unternehmen will sein Geschäft, durch die Technologie, die es einsetzt, verändern. Führungskräfte sehen das Potenzial für den Einsatz digitaler Technologien zur Transformation, aber sie sind unsicher, wie sie gute Ergebnisse erzielen können. Sie betrachten hochkarätige Beispiele von Unternehmen, die Technologie einsetzen, um ihr Geschäft zu optimieren und wollen diesem Beispiel folgen. Ein Unternehmen, dem das gelungen ist, ist Starbucks. Im Jahr 2009, nachdem die miserable Performance den Aktienkurs des Unternehmens um die Hälfte verringert hatte, suchte Starbucks nach einer digitalen Lösung, um wieder mit ihren Kunden in Kontakt zu treten. Das Unternehmen schuf die Stelle des Vizepräsidenten für digitale Projekte und stellte dazu Adam Brotman ein. Sein erster Schritt war es, kostenloses Wi-Fi in Starbucks-Shops anzubieten. Dies war gekoppelt an eine Landingpage inklusive einer Vielzahl von digitalen Medienangeboten, darunter kostenlose Inhalte aus Publikationen wie 'The Economist'.[229] Dies klingt sehr simpel, aber wie Brotman sagt: „we were not just doing something smart around Wi-Fi, but we were doing something innovative around how we were connecting with customers".[230] Brotman war 9 Jahre lang der Chief Digital Officer bei Starbucks. Dabei hat er mit Curt Garner, dem CIO von Starbucks, eine enge Zusammenarbeit aufgebaut, indem sie ihre Teams so umstrukturiert haben, dass sie von Anfang an bei Projekten zusammengearbeitet haben.[231]

Eine weitere Veränderung wurde 2012 durchgeführt. Dabei wurden die Karten- und Handytransaktionszeit um 10 Sekunden verkürzt und somit die Zeit in der Warteschlange um 900.000 Stunden reduziert. Starbucks erweitert seine Filialen um die mobile Zahlungsabwicklung und verarbeitet so 3 Millionen mobile Zahlungen pro Woche. Das damalige Ziel war, dass die Kunden bald direkt von ihrem

---

[228] (Vaske, 2017)
[229] (Fitzgerald, Kruschwitz, Bonnet, & Welch, 2013, S. 3)
[230] (Fitzgerald, Kruschwitz, Bonnet, & Welch, 2013, S. 3)
[231] (CDO Club, 2018; Fitzgerald, Kruschwitz, Bonnet & Welch, 2013, S. 3)

Handy aus bestellen konnten. Der Einsatz von Social Media, mobilen und anderen Technologien zur Veränderung der Kundenbeziehungen, des Betriebs und des Geschäftsmodells hat Starbucks geholfen, wieder mit Kunden in Kontakt zu treten und die gesamte Performance zu steigern. Auch der Aktienkurs hat sich von rund 8 US-Dollar im Jahr 2009 auf fast 73 US-Dollar im Juli 2013 erholt.[232] Im Jahr 2014 brachte sein Team die beliebte „Mobile Order and Pay"-Smartphone-Funktion von Starbucks auf den Markt, die mittlerweile 11% der gesamten Transaktionen in Starbucks eigenen Geschäften ausmacht. Sein Team entwickelte auch die Zahlungsfunktion innerhalb der Starbucks Mobile App. Laut Starbucks wurden im vergangenen Jahr 30% der In-Store-Transaktionen über mobile Zahlungen abgewickelt.[233]

Im Jahr 2013 hat die TUI Deutschland GmbH die Position des CDOs eingeführt. Ein elementarer Aspekt in dieser Funktion ist die interne Kommunikation. Dabei muss der CDO alle Mitarbeiter auf die digitale Transformation vorbereiten, sie von dem notwendigen Wandel überzeugen und sie motivieren, auf ein Unternehmen hinzuarbeitet, welches sich auf die Kunden fokussiert und IT-unterstützte Angebote bereitstellt. In dem Verantwortungsbereich des CDOs der TUI Deutschland GmbH liegt das vollständige Online-Geschäft, mitsamt des Kundenbeziehungsmanagements sowie dem operativen Betrieb der E-Commerce-Plattformen. Der CDO arbeitet im Hinblick auf die technischen Aspekte eng mit dem CIO des Unternehmens zusammen. Wie zuvor schon im Unterkapitel *3.5 Abgrenzung zu weiteren CxO Rollen* beschrieben, liegt auch bei der TUI Deutschland GmbH in der Praxis das Hauptaugenmerk eines CDOs auf dem betrieblichen digitalen Wandel und der Implementierung einer digitalen Wachstumsstrategie, wobei der Schwerpunkt bei dem CIO auf den IT-Systemen, -Prozessen und der Infrastruktur liegt.[234]

---

[232] (Fitzgerald, Kruschwitz, Bonnet, & Welch, 2013, S. 3)
[233] (CDO Club, 2018)
[234] (Mertens, et al., 2017, S. 203)

Ein kritisches Element der Arbeit der CDOs ist die Veränderung der Arbeitsweise der Menschen – insbesondere der Nicht-Digital-Nativen – und die Unternehmenskultur, die ihrem Arbeitsverhalten zugrunde liegt.[235] Jessica Federer war von 2014 bis 2017 CDO bei dem Pharmakonzern Bayer.[236] Bayer arbeitet seit mehr als einem Jahrhundert mit Daten, die heute die Grundlage für die Digitalisierung bilden. Bei der digitalen Transformation hat Federer feststellt, ist die Datenthematik eigentlich das Einfachste ist. Es ist die Menschenthematik, die eine Herausforderung darstellt und deshalb konzentrierte sich Bayer zunächst auf die Menschen in ihrem Unternehmen und wie sie diese über Synergien, Plattformen und Daten hinweg verbinden. Um diese Ebene der Vernetzung zu erreichen, gründete Federer zunächst einen digitalen Rat, bestehend aus den CIOs und CMOs der human- und tierwissenschaftlichen Bereiche, deren Aufgabe es war, sich die Synergiepotenziale anzuschauen.

Unterhalb dieser Ebene befinden sich die digitalen Kernteams und darauffolgend ein immenses digitales Netzwerk, das Federer mit dem Akronym NERDs oder Network for Enterprise Readiness and Digital versehen hat. Laut Federer sind sie diejenigen, die digitales Marketing mit digitaler Produktversorgung und digitaler Forschung und Entwicklung zusammenbringen.[237]

Marcus Diekmann ist seit Februar dieses Jahres der CDO bei ROSE Bikes, einem E-Commerce Unternehmen, das Fahrräder herstellt und online vertreibt. Obwohl die meisten Unternehmen auf die digitale Transformation mit neuen Produktvarianten und Geschäftsbereichen reagieren, geht ROSE Bikes den umgekehrten Weg. In diesem Jahr ist die Anzahl an Fahrradtypen von 178 auf 104 gesunken. „Wir haben alle Modelle rausgestrichen, die dem Kunden nicht wirklich einen echten Vorteil bringen – außer vielleicht der letzten Spezialanforderung", sagt der CDO. Die Hauptaufgabe von Diekmann ist es, die Komplexität auf verschiedenen Ebenen im Unternehmen abzubauen, doch zunächst einmal im Sortiment. Durch die Komplexität in der Lagerhaltung und Herstellung sind hohe Kosten entstanden. Die Mitarbeiter aller Abteilungen können Ihren Fokus nun auf die Fahrradmodelle legen, die lohnend für das Unternehmen sind. Dieser Schritt kommt auch den Kunden zugute: „Durch die Konzentration auf das, wovon der Kunde wirklich et-

---

[235] (Friedrich, Péladeau, & Mueller, 2015, S. 16)
[236] (LinkedIn Profile Jessica J. Federer)
[237] (Friedrich, Péladeau, & Mueller, 2015, S. 16)

was hat, können wir ihm ein deutlich besseres Erlebnis bieten", so Diekmann. Abweichend von der Erwartung sei dadurch auch der Umsatz des Unternehmens gestiegen.[238] An diesem Beispiel ist zu erkennen, wie wichtig die Kundenzentrierung bei der Transformation des Unternehmens ist.

Vor gerade erst ein paar Tagen wurde verkündet, dass der Homeshopping-Sender HSE24 Matthias Patzak zum 1. September 2019 als CDO einstellt, um die Digitalisierung im gesamten Unternehmen voranzutreiben. Der Wirtschaftsinformatiker blickt auf eine mehrjährige IT-Karriere im Bereich E-Commerce zurück. Er soll eine Digitalstrategie entwickeln, die die Kunden in das Zentrum der Aufmerksamkeit stellt. Der Vorstands- und Aufsichtsratsvorsitzender Richard Reitzner sagt: "Mit Matthias Patzak verstärken wir unser Top-Management mit einem digitalen Vordenker, der ein weitreichendes Verständnis für digitale Ökosysteme mitbringt. Er ist der ideale Kandidat, um die digitale Transformation von HSE24 mit der nötigen Dynamik voranzutreiben".

Zu der Kernaufgabe von Patzak gehört die Schaffung von neuartigen digitalen Erlebnissen im Hinblick auf die Customer Journey, um so auf die sich stetig verändernden Bedürfnisse der Kunden zu reagieren. Dabei liegt das Hauptaugenmerk auf mobilen Angeboten. Der neue CDO soll als Schnittstelle zwischen Unternehmensentwicklung, Technologie, Strategie und Marketing fungieren.[239]

---

[238] (Schmidt-Stein, 2019)
[239] (Rößer, 2019)

5 Zusammenfassung und Ausblick

Im Rahmen dieses Kapitels werden die Feststellungen, die sich aus dieser Arbeit ergeben haben, zusammengefasst und kritisch gewürdigt. Zu allerletzt folgt außerdem ein Ausblick.

5.1 Zusammenfassung

Im Rahmen dieser Arbeit konnte festgestellt werden, dass Unternehmen heutzutage aufgrund der Digitalisierung und des sich ständig wandelnden Unternehmensumfeld, sowie der damit einhergehenden Volatilität, Komplexität und Dynamik vor einer Vielzahl von Herausforderungen bei der digitalen Transformation ihrer Organisation stehen. Die wichtigsten Herausforderungen bestehen darin, die Geschäftsmodelle im Unternehmen zu überdenken und im Zuge dessen die Unternehmensstruktur, -strategie und -kultur an die Anforderungen der heutigen Zeit anzupassen. Des Weiteren ist die Förderung von digitalen Innovationen ein Schlüsselfaktor für den zukünftigen wirtschaftlichen Erfolg eines Unternehmens. Um Die Herausforderungen des digitalen Wandels zu meistern, setzten mittlerweile 21 % der weltweit größten Unternehmen auf die neu geschaffene Führungsposition, den CDO. Die Forschungsfrage „Welche Rolle spielt ein CDO bei der digitalen Transformation eines Unternehmens?" konnte in dieser Arbeit beantwortet werden. Die Digitalisierungsauswirkungen sind allumfassend und können jeden Unternehmensbereich verändern. Dies umfasst auch die Unternehmensziele, sei es durch die Steigerung der digitalen Innovationen, die Neuausrichtung des Kundenerlebnisses oder der Verfolgung eines neuen Geschäftsmodells. Die Rolle eines CDOs ist es hierbei, sich aktiv an der Gestaltung und Entwicklung der Digitalisierungs- und Geschäftsstrategie zu beteiligen und bei Bedarf die Prozessleitung zu übernehmen. Anhand von Praxisbeispielen aus den letzten Jahren konnten die Feststellungen untermauert werden und es wurde aufgezeigt, dass CDOs einen erfolgreichen digitalen Wandel im Unternehmen umsetzen und steuern können.

5.2 Kritische Würdigung

Da es sich bei dem CDO um ein relativ neues Phänomen handelt, ist noch recht wenig Fachliteratur zu dieser Thematik verfügbar. Es wurden bereits einige Studien veröffentlicht, die einen guten Überblick über die Position bieten, allerdings wäre es hilfreich gewesen, noch mehr Studien und Literatur zur Verfügung zu haben, um weitere Sichtweisen heranzuziehen. Somit sind auch die Ergebnisse dieser Bachelorarbeit als vorläufig anzusehen, denn die CDO-Position ist gerade noch in der Entstehung.

5.3 Ausblick

Da die Position des CDOs noch relativ neu ist, ist die Entwicklung dieser Rolle noch offen. Obwohl das rasante Wachstum, welches sich in den Jahren zwischen 2014 bis 2016 ereignet hat, in den letzten beiden Jahren nicht, wie von vielen erwartet, fortgesetzt hat, würde ich prognostizieren, dass der CDO auch in Zukunft für viele Unternehmen eine bedeutsame Rolle im Hinblick auf die digitale Transformation spielen wird. Neue Technologie, wie beispielsweise die künstliche Intelligenz entwickeln sich immer weiter und es treten immer mehr Innovationen und Veränderungen auf, die die Gesellschaft und Wirtschaft massiv beeinflussen. Somit wird die Notwendigkeit, eine Spezialistenrolle im Unternehmen zu etablieren, die diese Veränderungen versteht und Sie auf das Unternehmen überträgt, nicht obsolet werden. Es kommen immer neue Herausforderungen im digitalen Bereich auf die Unternehmen zu, die es zu managen bedarf.

Literaturverzeichnis

Abolhassan, F. (2017). Pursuing Digital Transformation Driven by the Cloud. In *The Drivers of Digital Transformation – Why There's No Way Around the Cloud* (S. 10). Cham: Springer International Publishing.

Barton, T., Müller, C., & Seel, C. (2018). *Digitalisierung von Unternehmen – Von den theoretischen Ansätzen zur praktischen Umsetzung,* (S. 4) Wiesbaden: Springer Vieweg.

Becker, W., Schmid, O., & Botzkowski, T. (2018). Role of CDOs in the Digital Transformation of SMEs and LSEs. An Empirical Analysis. *Proceedings of the 51st Hawaii International Conference on System Sciences,* (S. 4534-4535).

Becker, W., Ulrich, P., Botzkowski, T., & Eurich, S. (2015). Data Analytics in Familienunternehmen – Implikationen für das Controlling. *Controlling : Zeitschrift für erfolgsorientierte Unternehmenssteuerung,* (S. 264).

Bendel, O. (19. 02 2018). *Digitalisierung.* Von Gabler Wirtschaftslexikon: https://wirtschaftslexikon.gabler.de/definition/digitalisierung-54195/version-277247 abgerufen: 03.08.2019

Berghaus, S., & Back, A. (2016). *Studie: Rollen, Prozesse und Rührung in der Digitalen Transfomation – Ratgeber und Fallstudien zur Strategiearbeit für das digitale Zeitalter,* (S. 29) ,T.-S. M. GmbH, Hrsg.) Studien-Publikation.

Berghaus, S., & Back, A. (2016). *Studie: Rollen, Prozesse und Rührung in der Digitalen Transfomation – Ratgeber und Fallstudien zur Strategiearbeit für das digitale Zeitalter,* (S. 1f., 6), (Hrsg. T-Systems Multimedia Solutions GmbH). Studien-Publikation.

Bloem, J., Doorn, M., Duivestein, S., Excoffier, D., Maas, R., & Ommeren, E. (2014). *The Fourth Industrial Revolution – Things to Tighten the Link Between IT and OT,* (S. 3), Groningen: Sogeti.

Boeselager, F. (2018). *Der Chief Digital Officer: Die Schlüsselposition für eine erfolgreiche Digitalisierungsstrategie,* (S. 20 f., 23, VII), Münster: Springer Vieweg.

Brooks, G., Smets, M., & Stephen, A. (2018). *Understanding Chief Digital Officers: Paradoxical Protagonists of Digital Transformation,* (S. 6 f., 10, 13, 15)

CDO Club. (28. Februar 2018). *Starbucks CDO Adam Brotman Named President of J.Crew & Chief DATA Officer JOBS Update for January 2018*. Von CDO Club: https://cdoclub.com/2018/02/chief-data-officer-jobs-update-january-2018/ abgerufen: 11.08.2019

Ciriello, R. (2017). Digital Innovation – People, Practices, Tools, (S. 1, 3)

Deloitte. (2018). *Organize for Digital – the CIO/CDO relationship*, (S. 4, 8)

Duarte, C. H., & Ebert, C. (2018). Digital Transformation. *IEEE Softwarte*, (S. 1)

Dudenredaktion. (kein Datum). Von Duden: http://www.duden.de/rechtschreibung/digitalisieren abgerufen: 03.08.2019

Dudenredaktion. (kein Datum). Von Duden: https://www.duden.de/rechtschreibung/digital abgerufen: 03.08.2019

Dudenredaktion. (kein Datum). *Duden*. Von https://www.duden.de/rechtschreibung/Digitalisierung abgerufen: 03.08.2019

Dumeresque, D. (Januar 2014). The chief digital officer: bringing a dynamic approach to digital business. *Strategic Direction*, (S. 2 f.)

Earley, S. (Januar/Februar 2017). The Evolving Role of the CDO. *IT Professional*, (S. 64).

Egon Zehnder International, Inc. (Juni 2019). *CDO Decoded: The First Wave of Chief Digital Officers Speaks.* Von Egon Zehnder: https://www.egonzehnder.com/cdn/serve/article-pdf/1560188558-2b97b3641dea926ba48c80345e0eed06.pdf abgerufen: 10.08.2019

Fereidouni, M. A., & Kawa, A. (2019). Dark Side of Digital Transformation in Tourism. In N. Nguyen, F. L. Gaol, T.-P. Hong, & B. Trawiński, *Intelligent Information and Database Systems - 2019* (S. 512-514). Cham: Springer Nature Switzerland.

Fitzgerald, M., Kruschwitz, N., Bonnet, D., & Welch, M. (2013). Embracing Digital Technology: A New Strategic Imperative. *MIT Sloan Management Review*, (S. 3).

Foerster-Metz, U., Marquardt, K., Golowko, N., Kompalla, A., & Hell, C. (2018). Digital Transformation and Its Implications on Organizational Behavior. *Journal of EU Research in Business, Vol. 2018*, (S. 3).

Friedrich, R., Péladeau, P., & Mueller, K. (2015). *Strategy& (PWC) – Adapt, disrupt, transform, disappear: The 2015 Chief Digital Officer Study*, (S. 5 f., 14, 20)

Garcia, F. (2017). *The C-levels of digital transformation: the roles of the CIO, CTO, and CDO.* Von Pedersen & Partners – Executive Search: https://www.pedersenandpartners.com/sites/default/files/public/press-releases/tl_the_c-levels_of_digital_transformation_0.pdf abgerufen: 10.08.2019

Giebe, C. (März 2019). The Chief Digital Officer – Savior for the Digitalization in German Banks? *Journal of Economic Development, Environment and People*, (S. 11 f.)

Groß, M. (2017). *Innovationen im Zeitalter der Digitalisierung – Chancen und Herausforderungen für Topmanager und Mitarbeiter.* (R. Stock-Homburg, & J. Wieseke, Hrsg.), (S. 3), Wiesbaden: Springer Gabler.

Haffke, I., Kalgovas, B., & Benlian, A. (2016). The Role of the CIO and the CDO in an Organization's Digital Transformation. *Thirty Seventh International Conference on Information Systems*, (S. 5, 8, 11). Dublin.

Hamidian, K., & Kraijo, C. (2013). DigITalisierung – Status quo. In F. Keuper, K. Hamidian, E. Verwaayen, T. Kalinowski, & C. Kraijo (Hrsg.), *Digitalisierung und Innovation* (S. 5). Wiesbaden: Springer.

Harsh, A. (21. September 2016). *The New CXO - Data, Digital, Tech, Info & Marketing – What's the Difference?* Von Huffpost: https://www.huffpost.com/entry/the-new-c-suite-cio-cto-cmo-and-cdo-whats-the_b_57e06d4ae4b04fa361d9a37e?guce_referrer=aHR0cHM6Ly93d3cuZ29vZ2xlLmNvbS8&guce_referrer_sig=AQAAAEA-FKVtg1iEETOmSZjo7Ko_M8IjfJhY01QnZBaculwbQIyrxDOuHp3olIyjn17alJyF1PMoBVLU7sHSiKb abgerufen: 07.08.2019

Hartl, E., & Hess, T. (2017). *The Role of Cultural Values for Digital Transformation: Insights from a Delphi Study*, (S. 3)

Heinrich, C., Gärtner, C., Lopper, E., & Bolesta, W. (2018). *Chief Digital Officer Studie 2018: Wer steuert die Umsetzung der Digitalstrategie – und wie?*, (S. 6 f., 20), Berlin: Quadriga Media.

Hermanni, A.-J. (2017). Digitalisierung. In S. F.-T. University (Hrsg.), *Digitalisierung in Wirtschaft und Wissenschaft* (S. 13). Wiesbaden: Springer.

Hess, T. (27. Februar 2019). *Digitalisierung.* Von Enzyklopädie der Wirtschaftsinformatik: http://www.enzyklopaedie-der-wirtschaftsinformatik.de/lexikon/technologien-methoden/Informatik--Grundlagen/digitalisierung/index.html/?searchterm=digitalisierung abgerufen: 05.08.2019

Horlacher, A. (2016). Co-Creating Value – The dyadic CDO-CIO Relationship during the Digital Transformation. *Proceedings of the 24th European Conference on Information Systems (ECIS 2016)*, (S. 6). Istanbul.

Horlacher, A., & Hess, T. (2016). What Does a Chief Digital Officer Do? Managerial Tasks and Roles of a New C-level Position in the Context of Digital Transformation. *49th Hawaii International Conference on System Sciences*, (S. 5129, 5133 f.).

Horlacher, A., Klarner, P., & Hess, T. (2016). Crossing Boundaries: Organization Design Parameters Surrounding CDOs and Their Digital Transformation Activities. *22nd Americas Conference on Information Systems (AMCIS 2016)*, (S. 1, 9). San Diego, USA.

Hyvönen, J. (2018). *Strategic leading of digital transformation in large established companies – a multiple case-study,* (S. 38), Helsinki.

Kersten, W., Schröder, M., & Indorf, M. (2017). Potenziale der Digitalisierung für das Supply Chain Risikomanagement: Eine empirische Analyse. In M. Seiter, L. Grünert, & S. Berlin, *Betriebswirtschaftliche Aspekte von Industrie 4.0 – Arbeitskreis "Integrationsmanagement für neue Produkte" der Schmalenbach-Gesellschaft für Betriebswirtschaftslehre e.V.* (S. 51). Wiesbaden: Springer Gabler.

Kofler, T. (2018). *Das digitale Unternehmen – Systematische Vorgehensweise zur zielgerichteten Digitalisierung,* (S. 1, 165), München: Springer Vieweg.

Kreutzner, R. (2017). Treiber und Hintergründe der digitalen Transformation. In D. Schallmo, A. Rusnjak, J. Anzengruber, T. Werani, & M. Jünger, *Digitale Transformation von Geschäftsmodellen – Grundlagen, Instrumente und Best Practices* (S. 33 f., 45, 47). Wiesbaden: Springer Fachmedien.

Liere-Netheler, K., Packmohr, S., & Vogelsang, K. (2018). Drivers of Digital Transformation in Manufacturing. *Hawaii International Conference on System Sciences*, (S. 3927).

LinkedIn Profile Jessica J. Federer. (kein Datum). Von LinkedIn: https://www.linkedin.com/in/jessicafederer/?locale=de_DE abgerufen: 20.08.2019

Lund, T. (Februar 2017). CDO — Mission possible? *Wirtschaftsinformatik & Management*, (S. 18)

Mertens, P., Bodendorf, F., König, W., Schumann, M., Hess, T., & Buxmann, P. (2017). Digitale Transformation von Unternehmen. In *Grundzüge der Wirtschaftsinformatik* (S. 203). Berlin, Heidelberg: Springer Gabler.

Merx, O., & Merx, L. (Januar 2017). *CDO-Kompass.* Von CDO-Kompass: http://www.cdo-kompass.de/media/CDO-Kompass_20170101.pdf abgerufen: 16.08.2019

Merx, O., & Merx, L. (2017). *CDO-Kompass.* Von CDO-Kompass: http://www.cdo-kompass.de/media/CDO-Kompass_Trends_Juli_2017.pdf abgerufen: 16.08.2019

Nwankpa, J. K., & Roumani, Y. (2016). IT Capability and Digital Transformation: A Firm Performance Perspective . *Thirty Seventh International Conference on Information Systems,* (S. 3 f., 6), Dublin.

Osmundsen, K., & Iden, J. (2018). Digital Transformation: Drivers, Success Factors, and Implications. *The 12th Mediterranean Conference on Information Systems (MCIS)*, (S. 1 f., 5 ff.). Korfu, Griechenland.

Petrikina, J., Krieger, M., Schirmer, I., Stoeckler, N., Saxe, S., & Baldauf, U. (2017). Improving the readiness for change – Addressing information concerns of internal stakeholders in the smartPORT Hamburg. *AMCIS 2017*, (S. 6). Boston.

Piccinini, E., Hanelt, A., Gregory, R. W., & Kolbe, L. M. (2015). Transforming Industrial Business: The Impact of Digital Transformation on Automotive Organizations. *Icis 2015*, (S. 10 f.).

Rößer, M. (27. August 2019). *HSE24 macht Matthias Patzak zum ersten Chief Digital Officer.* Von Werben & Verkaufen (W&V): https://www.wuv.de/medien/hse24_macht_matthias_patzak_zum_ersten_chief_digital_officer abgerufen: 28.08.2019

Savić, D. (2019). From Digitization, Through Digitalization, to Digital Transformation. *Online Searcher,* (S. 38 f.).

Schlotmann, R. (2018). *Digitalisierung auf mittelständisch – Die Methode "Digiatles Wirkungsmanagement",* (S. 2, 12 f.) Frankfurt: Springer Vieweg.

Schmidt-Stein, M. (14. August 2019). *Digitalstrategie von Rose Bikes: E-Commerce reduziert Komplexität.* Von CDO Insight: https://www.cdo-insight.com/markt/digitalstrategie-von-rose-bikes-e-commerce-reduziert-komplexitaet-2080/ abgerufen: 18.08.2019

Singh, A., & Hess, T. (März 2017). How Chief Digital Officers Promote the Digital Transformation of their Companies. *MIS Quarterly Executive,* (S. 12).

Singh, A., Barthel, P., & Hess, T. (Januar 2017). Der CDO als Komplement zum CIO. *Wirtschaftsinformation & Management,* (S. 39 f., 41 ff.)

Strategy& (PwC). (März 2019). *The 2019 Chief Digital Officer Study Global Findings.* Von Strategy&: https://www.strategyand.pwc.com/gx/en/media/2019-cdo-study-global-findings.pdf, (S. 3 ff., 9 ff., 12 f., 15f.) abgerufen: 12.08.2019

Ulrich, P., & Lehmann, S. (November 2018). Das Spannungsfeld zwischen CFO, CIO und CDO. *Controlling & Management Review,* (S. 67).

Vaske, H. (2. August 2017). *Chief Digital Officer – Diese Unternehmen haben einen CDO.* Von Computerwoche: https://www.computerwoche.de/a/diese-unternehmen-haben-einen-cdo,3331281 abgerufen: 14.08.2019

Walchshofer, M., & Riedl, R. (März 2017). Der Chief Digital Officer (CDO): Eine empirische Untersuchung. *HMD Praxis der Wirtschaftsinformatik.*

Zisler, K., Mohr, N., Strahl, A., & Dowling, M. (Februar 2016). Chief Digital Officer : Enabler der digitalen Transformation. *Zeitschrift Führung + Organisation,* (S. 76 f., 81 f.).

Anhang

Anhang 1: Strukturen und Merkmale der beobachteten Unternehmen in der Strategy& Studie von PwC (2019)

Industry	Count	%
Banking	348	13,9
Technology	249	10,0
Pharma and Health	195	7,8
Oil and Gas	126	5,0
Utilities	124	5,0
Insurance	114	4,6
Retail	112	4,5
Food and Beverages	112	4,5
Consumer Products	108	4,3
Chemicals	96	3,8
Transportation	92	3,7
Real Estate	82	3,3
Machinery	82	3,3
Metals and Mining	81	3,2
Communications	81	3,2
Automotive	81	3,2
Professional Services	71	2,8
Media and Entertainment	67	2,7
Electronics	61	2,4
Other	57	2,3
Building Construction	55	2,2
Travel and Tourism	45	1,8
Engineering	28	1,1
Pulp and Paper	20	0,8
Wholesale	7	0,3
Agriculture	6	0,2
Grand total	2.500	100

Region	Count	%
Asia-Pacific	977	39
EMEA	641	26
North America	806	32
South & Latin America	76	3
Grand total	**2,500**	**100**

Quartile	Market Cap	Count
4	$24B – $850B	625
3	$12B – $24B	625
2	$8B – $12B	625
1	$5B – $8B	625
Grand total		**2,500**

Anhang 2: Übersicht der DAX Konzerne, die einen CDO oder Äquivalent beschäftigen

DAX Konzern	CDO	CDO Äquivalent
Adidas		
Allianz	X	
BASF	X	
Bayer		X
Beiersdorf		
BMW		X
Commerzbank		
Continental		
Daimler	X	
Deutsche Bank		X
Deutsche Börse		
Deutsche Post		
Deutsche Telekom		
E.ON	X	
Fresenius		
Fresenius Medical Care		
HeidelbergCement		
Henkel		
Infineon		
Linde		
Lufthansa		
Merck	X	
Muenchener Rueck		
ProSiebenSat1 Media		X
RWE		
SAP	X	
Siemens		
Thyssenkrupp		X
Volkswagen		X
Vonovia		